わからないをわかるにかえる 中学国語 文章読解 1〜3年

文理

もくじ contents

1 小説・随筆(ずいひつ)

2 説明文・論説文

3 詩・短歌・俳句

4 古文・漢文

イラスト：artbox，峰村友美，ユニックス

この本の特色と使い方

1 短い文章＋簡単な例題で，解き方をおさえます。

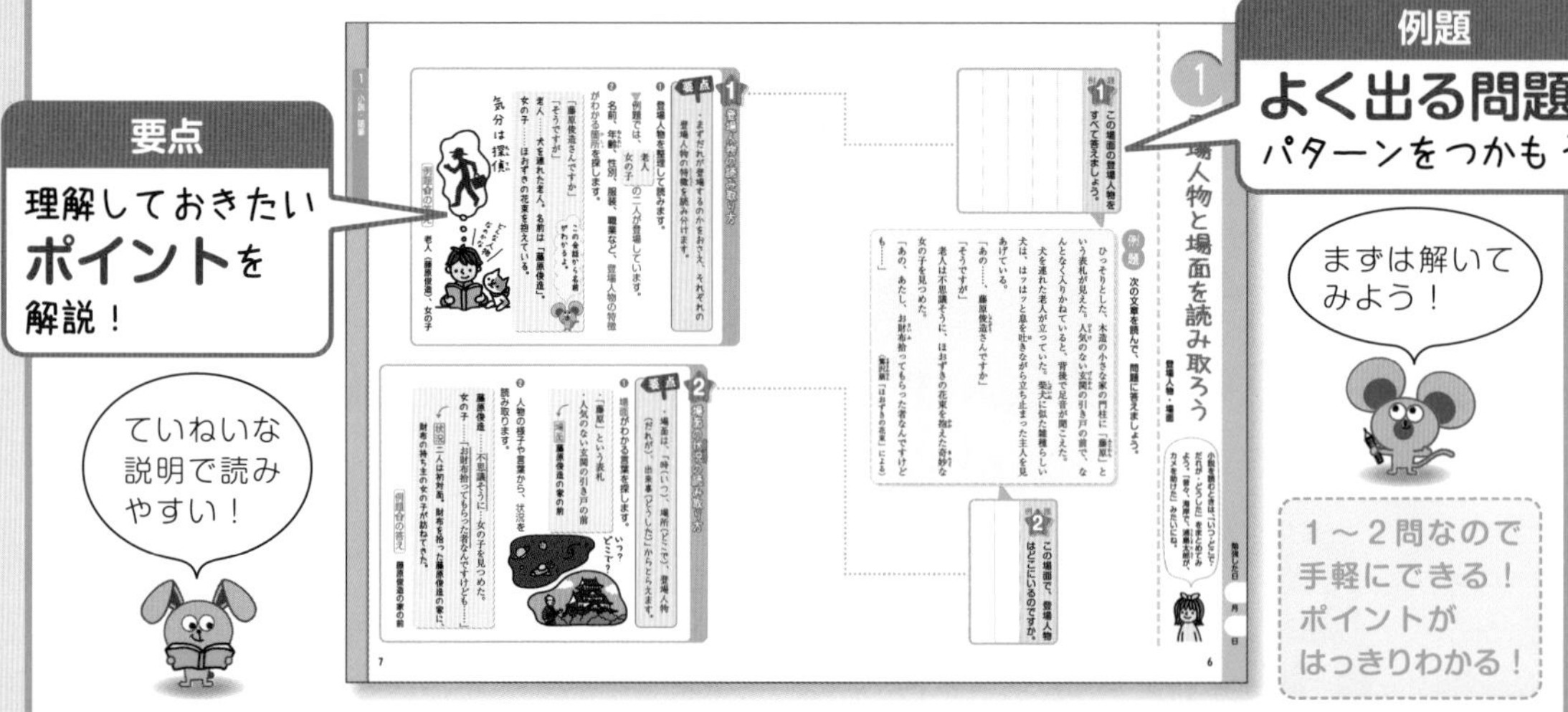

要点
理解しておきたい**ポイント**を解説！
ていねいな説明で読みやすい！
例題
よく出る問題のパターンをつかもう！
まずは解いてみよう！
1～2問なので手軽にできる！ポイントがはっきりわかる！

2 練習問題で，学んだことを確認します。

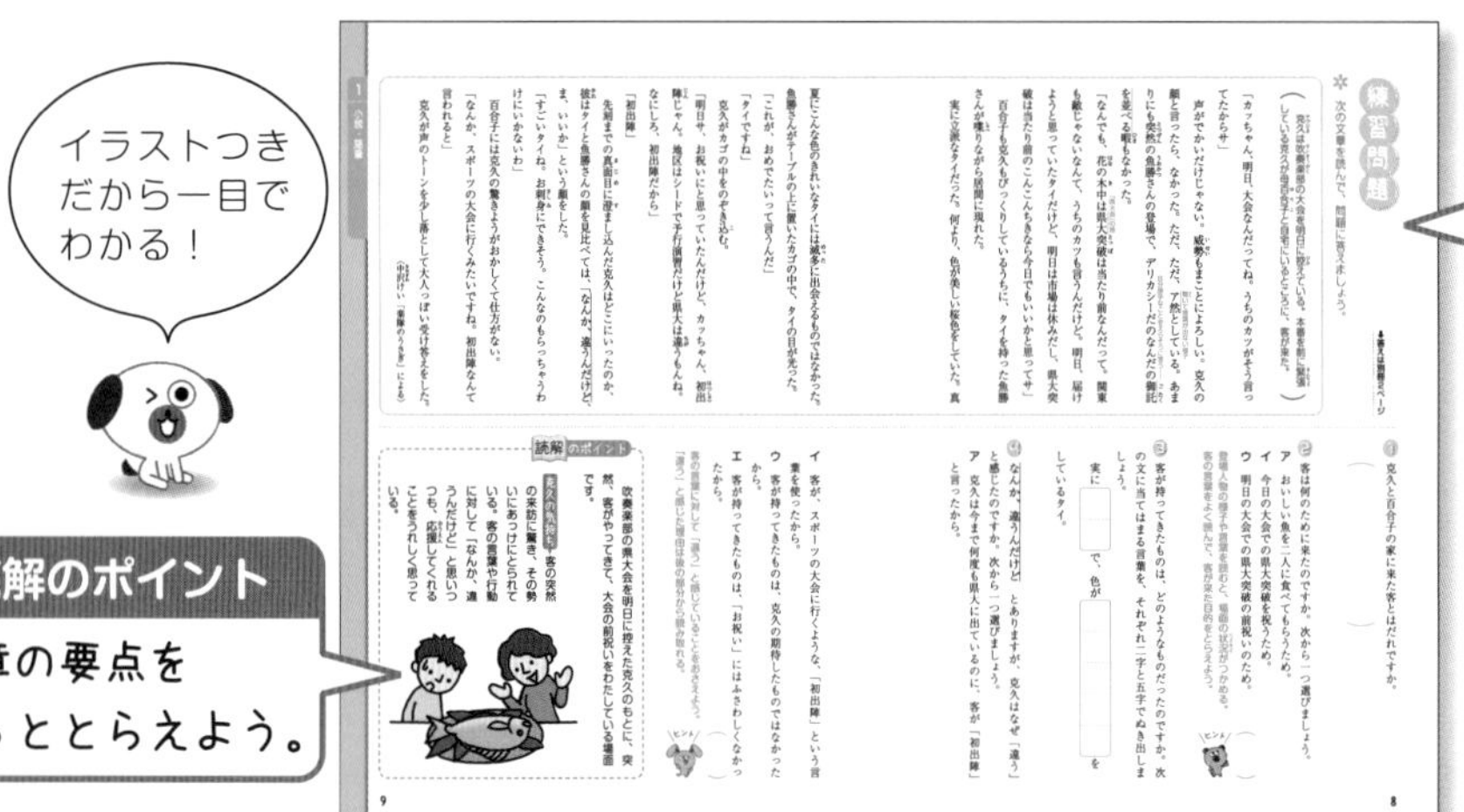

イラストつきだから一目でわかる！
練習問題
学習したことを**問題を解いて**確認！
読解のポイント
文章の要点をぱっととらえよう。

実力アップ！

- 単元のまとまりごとに，まとめのテストがあります。
- 単元のまとまりの最後には，特集のページがあります。
  知っておくと読解に役立つことが，まとめてあるよ。

付録の「ミニブック」で知識を整理！

空き時間に確認できる！

はじめ

ふたば

さんた

よしこ

1 小説・随筆

小説のポイント

- 何が起きたか（出来事）
- どんな気持ちか（心情）
- 筆者の伝えたいこと（主題）

気持ちを読み取るのが大事

1 登場人物と場面を読み取ろう

登場人物・場面

小説を読むときは、「いつ・どこで・だれが・どうした」をまとめてみよう。「昔々、海岸で、浦島太郎が、カメを助けた」みたいにね。

勉強した日　月　日

例題　次の文章を読んで、問題に答えましょう。

ひっそりとした、木造の小さな家の門柱に「藤原」という表札が見えた。人気のない玄関の引き戸の前で、なんとなく入りかねていると、背後で足音が聞こえた。柴犬に似た雑種らしい犬を連れた老人が立っていた。犬は、はッはッと息を吐きながら立ち止まった主人を見あげている。

「あの……、藤原俊造さんですか」

「そうですが」

老人は不思議そうに、ほおずきの花束を抱えた奇妙な女の子を見つめた。

「あの、あたし、お財布拾ってもらった者なんですけども……」

〈鷺沢萠「ほおずきの花束」による〉

例題 1　この場面の登場人物をすべて答えましょう。

例題 2　この場面で、登場人物はどこにいるのですか。

1 登場人物の読み取り方

要点

・まずだれが登場するのかをおさえ、それぞれの登場人物の特徴を読み分けます。

❶ 登場人物を整理して読みます。

▼例題では、老人 女の子 の二人が登場しています。

❷ 名前、年齢、性別、服装、職業など、登場人物の特徴がわかる箇所を探します。

「藤原俊造さんですか」

「そうですが」

老人……犬を連れた老人。名前は「藤原俊造」。

女の子……ほおずきの花束を抱えている。

気分は探偵

どんな人物なのかな

例題1の答え　老人（藤原俊造）、女の子

2 場面の状況の読み取り方

要点

・場面は、「時（いつ）、場所（どこで）、登場人物（だれが）、出来事（どうした）」からとらえます。

❶ 場面がわかる言葉を探します。

・「藤原」という表札
・人気のない玄関の引き戸の前

場面　藤原俊造の家の前

❷ 人物の様子や言葉から、状況を読み取ります。

藤原俊造……不思議そうに…女の子を見つめた。

女の子……「お財布拾ってもらった者なんですけども……」

状況　二人は初対面。財布を拾った藤原俊造の家に、財布の持ち主の女の子が訪ねてきた。

例題2の答え　藤原俊造の家の前

練習問題

次の文章を読んで、問題に答えましょう。

↓答えは別冊2ページ

（克久は吹奏楽部の大会を明日に控えている。本番を前に緊張している克久が母百合子と自宅にいるところに、客が来た。）

「カッちゃん、明日、大会なんだってね。うちのカツがそう言ってたからサ」

声がでかいだけじゃない。威勢もまことによろしい。克久の顔と言ったら、なかった。ただ、ただ、ア然としている。あまりにも突然の魚勝さんの登場で、デリカシーだのなんだの御託を並べる暇もなかった。

「なんでも、花の木中は県大突破は当たり前なんだって。関東も敵じゃないなんて、うちのカツも言うんだけど。明日、届けようと思っていたタイだけど、明日は市場は休みだし、県大突破は当たり前のこんこんちきなら今日でもいいかと思ってサ」

百合子も克久もびっくりしているうちに、タイを持った魚勝さんが喋りながら居間に現れた。

実に立派なタイだった。何より、色が美しい桜色をしていた。真

ア然…驚いて言葉が出ない様子
御託を並べる…自分勝手なことをえらそうに言う
県大…「県大会」の略

1 克久と百合子の家に来た客とはだれですか。

（　　　　）

2 客は何のために来たのですか。次から一つ選びましょう。

ア　おいしい魚を二人に食べてもらうため。
イ　今日の大会での県大突破を祝うため。
ウ　明日の大会での県大突破の前祝いのため。

（　　）

登場人物の様子や言葉を読むと、場面の状況がつかめる。客の言葉をよく読んで、客が来た目的をとらえよう。

3 客が持ってきたものは、どのようなものだったのですか。次の文に当てはまる言葉を、それぞれ二字と五字でぬき出しましょう。

実に［　　］で、色が［　　　　　］をしているタイ。

4 なんか、違うんだけど　とありますが、克久はなぜ「違う」と感じたのですか。次から一つ選びましょう。

ア　克久は今まで何度も県大に出ているのに、客が「初出陣」と言ったから。

夏にこんな色のきれいなタイには滅多に出会えるものではなかった。

魚勝さんがテーブルの上に置いたカゴの中で、タイの目が光った。

「これが、おめでたいって言うんだ」

「タイですね」

克久がカゴの中をのぞき込む。

「明日サ、お祝いにと思っていたんだけど、カッちゃん、初出陣じゃん。地区はシードで予行演習だけど県大は違うもんね。なにしろ、初出陣だから」

「初出陣」

先刻までの真面目に澄まし込んだ克久はどこにいったのか、彼はタイと魚勝さんの顔を見比べては、「なんか、違うんだけど、ま、いいか」という顔をした。

「すごいタイね。お刺身にできそう。こんなのもらっちゃうわけにいかないわ」

百合子には克久の驚きようがおかしくて仕方がない。

「なんか、スポーツの大会に行くみたいですね。初出陣なんて言われると」

克久が声のトーンを少し落として大人っぽい受け答えをした。

〈中沢けい「楽隊のうさぎ」による〉

イ　客が、スポーツの大会に行くような、「初出陣」という言葉を使ったから。

ウ　客が持ってきたものは、克久の期待したものではなかったから。

エ　客が持ってきたものは、「お祝い」にはふさわしくなかったから。

（　　　）

ヒント　客の言葉に対して「違う」と感じていることをおさえよう。「違う」と感じた理由は後の部分から読み取れる。

読解のポイント

吹奏楽部の県大会を明日に控えた克久のもとに、突然、客がやってきて、大会の前祝いをわたしている場面です。

克久の気持ち　客の突然の来訪に驚き、その勢いにあっけにとられている。客の言葉や行動に対して「なんか、違うんだけど」と思いつつも、応援してくれることをうれしく思っている。

2 心情を読み取ろう

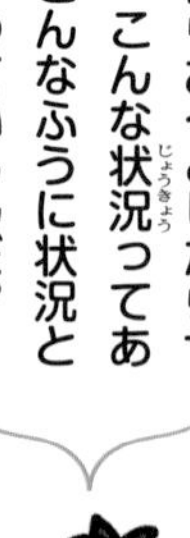

レジでお金をはらおうとしたらサイフがない！　こんな状況ってあわてるよね。こんなふうに状況と心情は、つながっているんだ。

心情

例題　次の文章を読んで、問題に答えましょう。

　桜井さんは愉快そうに言った、

「しかしワタルくんが映画の台本を書いていたとはね。いやあ、さすがは渚さんの息子というか」

　ノートの中を見られた。その瞬間、頭に血が上った。

「返してください！」

　ぼくは桜井さんに飛びかかるようにしてノートを両手でつかみ、渾身の力で自分のほうへ引っ張った。ところが桜井さんが予想に反してあっさりノートから手を放したせいで、ぼくは勢い余って後方へ倒れ、背中をしたたか後ろの棚に打ちつけた。

渾身──体全体

〈如月かずさ「サナギの見る夢」による〉

例題1　「返してください！」とありますが、このときの「ぼく」の心情を次から選びましょう。

ア　怒り

イ　悲しみ

ウ　おそれ

例題2　なぜ、「ぼく」はそのような気持ちになったのですか。

1 心情の読み取り方

要点

・人物の心情（気持ち）をとらえるには、登場人物の言葉・行動・様子に注目します。

●心情を直接表している表現や人物の言葉・行動・様子に注意します。

とてもうれしかった。
彼（かれ）はとぼとぼと歩いていた。

▼例題では、「ぼく」の行動や様子に注目します。

・その瞬間、頭に血が上った。
・桜井さんに飛びかかるようにして…
→**桜井さんに対する強い怒り**

例題1の答え　ア

2 心情の理由の読み取り方

要点

・登場人物の心情は、場面の状況（じょうきょう）とつながっています。

●登場人物の心情は、その人物が置かれている状況に対応しています。「どうしてその気持ちになるのか」をとらえるために、場面の状況を整理しましょう。

桜井さんの言葉
・「しかしワタルくんが映画の台本を書いていたとはね。」

「ぼく」が思ったこと
・「ノートの中を見られた。」

状況
桜井さんは、「ぼく」が映画の台本を書いたノートを勝手に見た。

「ぼく」の言葉・行動
・「返してください！」
・ノートを両手でつかみ、
…自分のほうへ引っ張った。

「ぼく」は、桜井さんからノートを取りもどそうとした。

例題2の答え
例 桜井さんに、映画の台本を書いたノートの中を勝手に見られたから。

練習問題

＊ 次の文章を読んで、問題に答えましょう。

➡答えは別冊2ページ

（工業高校に通う三郷心は、技術コンテスト出場のため練習にはげんでいたが、あることが原因で落ちこんでいたところ、祖母に話しかけられた。）

「つらいっていうよりも……」

言わないでおこうと思っていたが、やっぱり口に出てしまったのは、仏壇の前だからだろうか。

「①特別扱いされることのほうが、嫌なんよ」

男子との明確なちがいを気にする一方で、機械科に通う女子はたったひとりだという現実がある。希少価値（ごくまれで少ないことから生じる価値）の分だけ、自分へのあたりは柔らかいと感じることもある。

持っていないというハンディ（ハンディキャップ（不利な条件）のこと）と、もらうというハンディ（ハンディキャップ（弱い人に与えられる有利な条件）のこと）があるけれど、もしかしたら、もらうハンディのほうが大きいんじゃないか。

本意とするところではなかったが、それに気づいた時には、もう心は②抜き差しならない（どうにもならない）ところにきていた。旋盤（けずったり穴をあけたりする機械）に夢中になっていたのだ。硬い鋼の形を自在に変える工作機械の魅力に取りつかれていた。あのあらがえない（逆らうことができない）ような鉄のパワーを

1 ①特別扱いされる とありますが、心はなぜ特別扱いされるのですか。

（　　　　　）

2 ②抜き差しならないところにきていた とありますが、心はどのような状態になっていたのですか。次から一つ選びましょう。

ア 旋盤の魅力に夢中なのに、やらせてもらえない状態。

イ 旋盤をやめたいのに、やめさせてもらえない状態。

ウ 旋盤の魅力に夢中で、やめたくてもやめられない状態。

エ 旋盤をやめたくなって、やめてしまった状態。

（　　）

旋盤について、心がどのように感じているのかを読み取ろう。

3 ③心はまた暗い顔になる とありますが、どのような出来事が原因で、心は暗い顔になっているのですか。

（　　　　　）

受け止め、形に返す旋盤の魅力に。

ありがたいことに、そんな心のがんばりが自然と周りに浸透していったのか、部活の中では特別な扱いを受けると感じることもない。

けれど、外部の人にはやはりまだ女子は特別だという思いがあるようだ。

「コンテストには校内選考で勝たんと出られんのやけど、ほかの学科の先生から女子が出たほうが学校のPRになるから、私が選ばれるやろうって、言われた」

あたりまえだと言わんばかりの軽々しい口調だったので、余計にこたえた。自分のがんばりをせせら笑われたような気分だった。

思い出して、③心はまた暗い顔になる。

「それは男のゼラシーやね」

「ジェラシー？」

「その男は女に負けるのが悔しいけん、そんな理由をつけるんやろ。気にせんでいい」

ちょっと意地悪な顔になって言う。ふっと力が抜けて、笑ってしまった。

〈まはら三桃「鉄のしぶきがはねる」による〉

考えが広まること——浸透
宣伝——PR
やきもち——ジェラシー

4 ③心はまた暗い顔になるとありますが、祖母と話をした心の様子はここからどのように変わりましたか。それがわかる一文の初めの五字をぬき出しましょう。

祖母の言葉を聞いて、心はどんな気持ちになったのかを、祖母の言葉の後から読み取ろう。

読解のポイント

あることが原因で落ちこんでいた心が、祖母に悩みを打ち明けている場面です。

心の気持ち▶女子だからといって、自分が特別扱いされているのではないかと悩んでいたが、祖母のはげましで少し元気を取りもどした。

3 心情の変化をつかもう

心情の変化

人の気持ちが変わるときは、何かきっかけがあるはず。そのきっかけを読み取ることがポイントだよ。

例題 次の文章を読んで、問題に答えましょう。

「ヘビにくわれるぞ」

新子は、はね起きた。太陽を背にして黒い影が立っていた。頭がつるんと丸い。顔は見えなくても丸木シゲルだとわかった。

「ヘビ？　どこ、どこ？」

「ほらここ。ここだぞぉ」

シゲルの手から黒く長細いものがふわりととびかかってきた。新子はキャアアと声をあげてとびのいた。とびのいてよく見れば、曲がったイチジクの枝だった。

また騙された。新子はシゲルをにらみつける。いつもの白い体操服と短パンだ。新子と同じ年だが、新子は三年三組でシゲルは五組。シゲルと同じクラスでなくて良かった、といつも思っている。〈高樹のぶ子「マイマイ新子」による〉

例題1 新子の気持ちは、どのように変わりましたか。［　］に合うものを選びましょう。

［A］→［B］

ア　怒り
イ　悲しみ
ウ　恐怖
エ　喜び

例題2 新子の気持ちは、どんなことに気づいて変わったのですか。

勉強した日　月　日

1 心情の変化の読み取り方①

要点

・登場人物の心情の変化は、行動や様子などから読み取れます。
・登場人物の心情が変化したときは、その近くに書いてある出来事や状況の変化に注意します。

● 話が進むにつれて、登場人物の心情は変化していきます。人物の行動や様子から心情の変化をとらえましょう。

新子の行動や様子	新子の心情
・「ヘビ？　どこ、どこ？」 ・キャアアと声をあげてとびのいた。	ヘビに対する恐怖
・新子はシゲルをにらみつける。	シゲルに対する怒り

例題1の答え　A ウ　B ア

2 心情の変化の読み取り方②

● 登場人物の心情は、出来事や状況と対応しています。心情が変化したときは、その前後にきっかけとなる出来事がないか注意します。

失敗して、がっかりしている。
友達にほめられて、うれしい。
個性的ですてきだよ

▼例題では、□の出来事がきっかけです。

出来事	新子の心情
・「ヘビにくわれるぞ」	恐怖心
・よく見れば、曲がったイチジクの枝だった。	・また騙された。 ＝ 怒り

例題2の答え　例 シゲルが投げたものはヘビではなく、イチジクの枝だったこと。

練習問題

＊ 次の文章を読んで、問題に答えましょう。

➡答えは別冊3ページ

（大学進学のため上京することになったカズユキは、わが家で過ごす最後の一日は特別だと思っていたが、家族はふだんどおりに仕事に出かけてしまった。）

「戸締まりだけ、ちゃんとして行ってな」

家にはカズユキ一人だけ残された。「行ってらっしゃい」とおふくろさんを見送るのが最後の一言になるなんて想像もしていなかった。「行ってきます」と言うのは俺のほうじゃなかったのか？おふくろは玄関で涙ぐみながら「行ってらっしゃい」と俺を見送るはずじゃなかったのか？

やっぱり、俺……①うぬぼれていたのかな。

落ち込んだまま家を出て、落ち込んだまま駅に向かい、もしかしたら両親が駅に見送りに来てくれるかもしれないという最後の希望を託して木ームを見渡し、誰もいないのを確かめて、②泣きだしたい気持ちで列車に乗り込んだ。

1 ①うぬぼれていたのかな　とありますが、カズユキはどのように思っていたのですか。次から一つ選びましょう。

ア 家族が、自分との別れを惜しんでくれると思っていた。

イ 家族が、自分の上京を喜んでくれると思っていた。

ウ 自分は、もっと家族との別れを惜しむと思っていた。

（　　　）

2 ②泣きだしたい気持ち　とありますが、カズユキはなぜこのような気持ちだったのですか。

（　　　　　　　　　　　　）

駅にいるときのカズユキの様子からとらえよう。

3 ②泣きだしたい気持ち　とありますが、カズユキの気持ちは、この後①どんな出来事をきっかけに、②どんな気持ちに変わったのですか。次の文に合うように書きましょう。

①（　　　　　　　　）をきっかけに、

泣きだしたい気持ちが②（　　　　　　　　）気持ちに変わった。

席について、マンガでも読もうかとスポーツバッグを開けると――着替えの奥に、黄色いものを見つけた。

こんなもの入れたっけ、と怪訝に思いながら取り出してみると、それはポンカンだった。

怪訝――不思議に思う様子

鮮やかな黄色の皮に、サインペンで文字が書いてある。

〈悔いのないように大学生活を送ってください　父〉

〈健康第一でがんばってください　母〉

二人の字だ。間違いない。親父さんとおふくろさんの字だった。カズユキが出かけている隙に、おふくろさんがこっそりバッグに入れたのだろう。親父さんも書いているということは、もう、ゆうべのうちに作戦を立てていたのだろう。

列車が動きだす。ガタン、という揺れに紛らせて、へへっと笑った。

西の地方の夕暮れは遅い。空にはまだ夕陽の明るさがかすかに残っていた。窓の外をふるさとの風景が流れる。わが家で過ごした日々が遠ざかっていく。

カズユキはポンカンの皮を剝いた。③酸っぱい果汁がピュッと飛び散って、目に染みた。

〈重松清「拝復、ポンカンにて」による〉

4 ③酸っぱい果汁がピュッと飛び散って、目に染みた。とありますが、ここではカズユキのどのような様子が読み取れますか。次から一つ選びましょう。

ア ポンカンのおいしさに感動し、目をうるませている様子。

イ 両親の自分に対する思いを知り、目をうるませている様子。

ウ なつかしいふるさとの風景から、目をそらせている様子。

エ 両親との決別を決意して、目をつむっている様子。

（　　）

ヒント

カズユキの置かれた状況から、気持ちを考えよう。カズユキは、ポンカンを見て何を感じているのだろう。

読解のポイント

故郷を離れるカズユキの、わが家で過ごす最後の日がえがかれています。カズユキの気持ちが何をきっかけに、どのように変わったかに注意して読みましょう。

カズユキの気持ち 家族がだれも見送ってくれなくて落ちこんでいる。

↓家族が自分を応援してくれていると知り、うれしく思っている。

4 表現・情景を読み取ろう

表現・情景

「真っ赤」より、「ゆでだこのように真っ赤」と表現するほうが様子がよくわかるよね。

勉強した日　月　日

例題 次の文章を読んで、問題に答えましょう。

（工場を探険していた「ぼく」たちは、男に呼び止められた。）

「おい、待て」

作業着の男は、大きな声で言って押野のあとを追っていった。ぼくはどうしていいかわからなくて、その場に突っ立ったままだった。足が動かなかった。どうしよう、どうしよう。

頭の中が真っ白になった。押野が無茶をして捕まったのかもしれない。どうしよう、どうしよう、どうしよう。工場内はしんとしていて、ぼくはだだっ広い敷地に一人残されて呆然としていた。足が接着剤で地面にくっついたみたいに、この場所から動けない。どんよりとした鉛色の空が今にも落ちてきそうで、押しつぶされそうだった。

呆然――あっけにとられる様子

〈椰月美智子「しずかな日々」による〉

例題1 足が動かない様子をたとえた表現をぬき出しましょう。

例題2 鉛色の空が今にも落ちてきそう　は、「ぼく」のどのような気持ちを表していますか。

1 特徴的な表現の読み取り方

要点

特徴的な表現には、次のようなものがあります。
①比喩
②擬声語・擬態語

❶ 比喩（直喩・隠喩・擬人法）

直喩	「～ようだ」などの言葉を使ってたとえる。
隠喩	「～ようだ」などの言葉を使わずたとえる。
擬人法	人でないものを人であるかのように表現する。

❷ 擬声語・擬態語

擬声語	物の音や動物の鳴き声などをまねて、それらしく表した言葉。 例トントン ワンワン
擬態語	物事の状態や様子などをそれらしく表した言葉。 例しくしく にこにこ

足が接着剤で地面にくっついたみたいに、この場所から動けない。

「～みたいに」の表現は、直喩！

例題1の答え 足が接着剤で地面にくっついたみたいに

2 情景にこめられた心情の読み取り方

要点

・情景とは、人の心に訴えるような場面のありさま。
・情景は、登場人物の心情を反映していることが多くあります。

❶ 登場人物の様子や言葉から、場面の状況をとらえます。

・頭の中が真っ白になった。
・押野が無茶をして捕まったのかもしれない。
・一人残されて呆然としていた。

押野と別々になり、一人でどうしていいかわからずにいる。

❷ 情景のイメージと場面の状況とを重ね合わせて、人物の心情を考えます。

・鉛色の空が今にも落ちてきそう

← 不安・心配・おそれ マイナスのイメージ

どよ～ん

例題2の答え 例不安な気持ち

練習問題

＊次の文章を読んで、問題に答えましょう。

➡答えは別冊3ページ

（良平の住む町では、男の子は新橋から川に飛びこめて初めて一人前として認められるという風習があった。良平は、新橋から飛びこむ前に、学校橋から飛びこむことになった。）

「足から飛びこめ、畑中」

大倉の大声が耳に突き刺さった。

「はいっ」

と素直に口から言葉が滑り出た。

空を見上げた。雲ひとつない澄んだ空だった。①悲しいくらい大きな空だった。自分がひどく小さく見えた。

欄干（橋などのふちに取り付けた手すり）に手をかけて橋の下を覗きこむと、渦を巻いている水が見えた。濃くて深い水の色だった。また自分が小さく見えた。

そろそろと欄干に足をかけた。ついさっき、筏の試運転をしたときのことを思い出した。あのときと同じ這うような格好だが、あのときは楽しかった。だが今は――。

［　　］欄干の上に立った。

1 ①悲しいくらい大きな空だった。とありますが、なぜ良平にはこのように感じられたのですか。次から一つ選びましょう。

ア 雲ひとつない素晴らしい空を見ても、飛ぼうという勇気が出なかったから。

イ 雨が降って飛びこみが中止になってほしかったのに、その気配は全くないから。

ウ 雲ひとつない大きな空は、おくびょうな自分の心とは対照的だったから。

（　　）

直後の「自分がひどく小さく見えた。」に注目。空と自分との対比から良平の心情をとらえよう。

2 ［　　］に当てはまる言葉を次から一つ選びましょう。

ア おずおずと　**イ** 堂々と

ウ いらいらと　**エ** すいすいと

（　　）

3 ②柔らかいもの　とは何ですか。

（　　）

4 ③空をめざして突き進んだ　とありますが、これは良平のどのような様子を表していますか。次から一つ選びましょう。

ア 勇気を出して、橋から川へ向かって飛びこむ様子。

「下を見るな、畑中。上を見ろ」

大倉の声だ。

その声の通り、良平は上を見た。空があった。やはり悲しいくらい大きな空だった。

何かがふわりと吹っきれた。悲しさめがけて良平は飛んだ。空と水の間に身を投げだした。経験したことのない奇妙な浮遊感（うかんで、ふわふわとただよう感じ）と同時に、いうにいわれぬ（言葉では十分に表せない）快感が走った。

「やった」

胸の奥で叫ぶと同時に両足にどんと衝撃を受けて、良平の体は②柔らかいものにつつまれた。心地いい感触だった。見上げると水の上に空があった。良平は③空をめざして突き進んだ。

〈池永陽「少年時代」による〉

イ　喜び勇んで、浮かび上がろうと水面に向かう様子。

ウ　勢いよく川岸をのぼって、橋の上にもどろうとする様子。

エ　欄干の上に立ったまま、しょんぼりと空を見上げる様子。

（　　　）

前の部分から、どんなことが起こったのか、場面の状況と良平の心情をとらえよう。

読解のポイント

一人前と認めてもらうために、良平が初めて橋から川に飛びこむ場面です。空の描写に注目して、良平の心情を読み取りましょう。

情景と心情

「悲しいくらい大きな空」⇒大きな空と比べて自分の勇気のなさを悲しむ気持ち。

「空をめざして突き進んだ」⇒自信をもって前に進もうとする気持ち。

5 人物像をつかもう

人物像

行動や態度から、性格がわかるよね。いつも机の中をきちんとかたづけている人は、きっと「きちょうめん」な性格よ。

例題 次の文章を読んで、問題に答えましょう。

「まったく、あなたって本当にぬるま湯のお風呂にも喜んでつかるような人ねえ」

ひいひい祖母ちゃんから続くチャキチャキ（血筋にまじりけがないこと）の江戸っ子である母親がボヤく（ぶつぶつ不平を言う）のを常々聞かされているせいか、小学五年生のヒロトの父さんに対する評価は「ぬるい」である。

父さんは「まあいいか」が口ぐせで、行列で目の前に割り込みされても怒らないし、レストランでさんざん迷ったあげく、注文したものと違うものが運ばれて来ても黙って食べる。人から頼まれごとをするとまず断れず、後始末を任されたお母さんがエキサイト（興奮する）し始めると、「もういいから」となだめにかかる。

〈相良翔「ぬるま湯父さん」による〉

例題 1 ヒロトは、父さんをどんな人物だと思っているのですか。それがわかる三字の言葉をぬき出しましょう。

例題 2 父さんはどのような人柄ですか。合うものをすべて選びましょう。

ア　押しが弱い人。

イ　気が強い人。

ウ　お人よしな人。

エ　負けず嫌いな人。

要点 1 登場人物の人物像の読み取り方①

・人物像とは、その人物の外見や内面（考え方やふるまい方）の特徴を表したものです。

● 登場人物の行動や言葉がどのようにえがかれているかに注意しましょう。

彼はとても真面目だ。
いろいろなことに興味をもつ人だ。

▼例題では、次の部分から、ヒロトが父さんについてどう思っているかわかります。

…ヒロトの父さんに対する評価は「ぬるい」である。

人物どうしの関係に注目。

例題1の答え　ぬるい

2 登場人物の人物像の読み取り方②

● 登場人物の人柄は、その人の行動や言葉に表れます。

▼例題では、父さんの行動や言葉に注目します。

・「まあいいか」が口ぐせ。
・行列で目の前に割り込みされても怒らない。
・注文したものと違うものが運ばれて来ても黙って食べる。
↓
押しが弱くておおらかな人

・人から頼まれごとをするとまず断れない。
↓
お人よし

例題2の答え　ア・ウ

練習問題

＊次の文章を読んで、問題に答えましょう。

⬇答えは別冊4ページ

（兵藤たち三年生が引退し、遼介は一年生だけのサッカー部のキャプテンになった。顧問の湯浅は、遼介に、他になり手がいなくて、経験のないサッカー部の顧問を仕方なく引き受けたことを打ち明ける。）

湯浅は隣の席のキャスター付きの椅子を転がし、遼介に座るようにすすめた。

「正直言って困ったよ。仕方なく審判の四級の資格を講習会にいって取ったものの、①サッカーに対する知識はないし、それ以前に興味がないのだから。部員もやめていくしね」

湯浅は背中を丸めて膝に肘を置いた。

「でも②チームには兵藤がいた。あいつはいかんなく（十分に）リーダーシップを発揮してくれた。はっきりと私に物を言い、私を助けてくれた。グラウンドで話しているときに、『先生はなにかスポーツをやっていなかったのですか？』と聞かれたので、私が中学まで卓球をやっていたと言うと、あいつは笑って『それなら大丈夫です。同じ球技ですから』と言ってくれたんだ」

1 ①サッカーに対する知識はないし とありますが、湯浅がこれを克服しようとしていることは、審判の四級の資格を取ったことのほかに、どのようなことからわかりますか。

（　　　　）

2 ②チームには兵藤がいた とありますが、湯浅にとって兵藤はどのような存在だったのですか。次から一つ選びましょう。

ア 経験のない湯浅をばかにして意見する、目障りな存在。

イ 経験のない湯浅を手助けしてくれる、頼もしい存在。

ウ 経験のない湯浅を手助けしようとするがうまくいかず、頼りにならない存在。

（　　）

――②の後に注目して、兵藤の行動や湯浅の言葉から、兵藤の人物像をとらえよう。

3 湯浅は遼介にどのようなことを伝えようとしているのですか。□に当てはまる言葉を文章中からぬき出しましょう。

自分にできることはとても［　　　　　　］から、部員が［　　　］に練習に取り組んでほしいということ。

湯浅は懐かしそうに笑うと、笑いすぎた自分に気がついたらしく周囲を見回した。

遼介はそんな湯浅を見てくすりと笑った。

「話が長くなった。要するになにが言いたいかというと、私にできることは、とても限られているということだ。兵藤にも、そう話した。君たちには先輩もいないわけだが、自主的に部活動に取り組んでほしい。キャプテンの君が中心となって部員と話し合い、練習に取り組んでいってくれ。三年生たちもそうやってきた。もちろん、私にできることはやろうと思うがね」

（自主的：自分の行動を自分で決める様子）

遼介は湯浅の話を聞きながら机の本棚に目を留めていた。本棚の左端にサッカー関連の書籍が並んでいた。ルールブックのほかにトレーニング関連の本もあった。

「どうだ？」

「わかりました監督」

「先生でいい。みんなにも、そう呼ぶように言ってくれ。それで、私はなにをすればよいと思う？」

少し考えたあとで「練習試合を組んでください、できるだけ多く」と遼介はそう答えた。

〈はらだみずき「サッカーボーイズ 13歳─雨上がりのグラウンド」による〉

4 湯浅の人物像を次から一つ選びましょう。

ア 自分が関心のないことには全く興味を示さず、常に自分の主張を通さないと気がすまない、わがままな人物。

イ 生徒には決して自分の弱みは見せないが、かげで生徒の役に立とうと努力する、誠実だが見栄っ張りな人物。

ウ 相手が生徒であっても自分の足りない部分を正直に話し、生徒のためにできるだけの努力はしようとする誠実な人物。

（　　）

ヒント 湯浅が遼介に言った言葉や湯浅の本棚などから、人物像をとらえよう。

読解のポイント

サッカー部のキャプテンの遼介に、顧問の湯浅が自分が顧問としてどのように関わっていくかを話している場面です。

湯浅の人物像 ▶「もちろん、私にできることはやろうと思うがね」という言葉や、本棚にサッカー関連の書籍が並んでいることから、湯浅が生徒のために努力していることがわかります。

6 主題をとらえよう

小説の主題

主題は、小説の中に直接書いてあるわけではないんだ。ストーリーにこめられた作者の思いについて考えながら読むことが必要だよ。

勉強した日　月　日

例題 次の文章を読んで、問題に答えましょう。

（雄太郎（ゆうたろう）は、閉校を目前にした中学の三年生。最後の合唱コンクールに向けて練習を重ね、ついに本番。雄太郎の指揮で、クラスメートは課題曲「いのちの名前」を歌った。）

学校はなくなっても、ぼくたちの友情は変わらない。「いのちの名前」は、学校の名前ではない。ぼくたち一人ひとりの名前なのだ。

雄太郎は仲間の歌声に感動し、その調べに身をゆだね（すっかり任せた）た。達成感は切磋琢磨（せっさたくま）（――仲間どうしはげまし合って向上すること）の中からしか生まれないのだと思った。このひとときのために、みんなで練習を重ねてきてよかった。ほんとうによかった。

〈本田有明（ほんだありあけ）「最後の卒業生―夕張（ゆうばり）に生きる中学三年生たち」による〉

例題1 仲間の歌声を聞いたときの雄太郎の気持ちを二字でぬき出しましょう。

例題2 この文章の主題をまとめた次の文の□に合う言葉を文章中から三字でぬき出しましょう。

みんなで練習を重ねて歌い切った□。

1 主題の読み取り方①

要点

・主題とは、作者がその作品で最も伝えたい思い。
・小説の主題は、主人公の思いや変化（成長）の形で表現されることが多くあります。

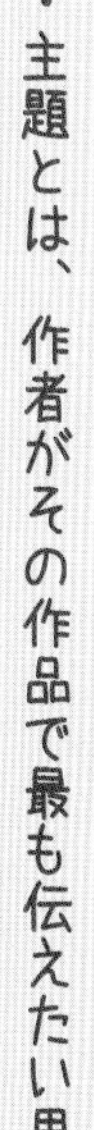

● 小説の主題は、文章中に直接示されることはありません。そのため、場面の状況や表現を手がかりに、読み取る必要があります。

▼例題では、雄太郎の思いを中心にえがいています。

雄太郎は仲間の歌声に感動し、その調べに身をゆだねた。……ほんとうによかった。

（←心情を直接表す言葉）

＝**場面の状況** 仲間が歌う歌声を心地よく聞いている。

小説の主題は、主人公の思いや変化（成長）に表れるよ。

例題1の答え 感動

2 主題の読み取り方②

要点

・主題は話のやま場（クライマックス）や結末に表れます。

● 話のやま場とは、話が盛り上がる場面。小説では、多くは後ろのほうにあります。

▼どんな出来事が起こったのか、そのときの雄太郎の気持ちや考えはどんなだったのかをとらえましょう。

出来事

合唱コンクールで、みんなが歌を歌っている。

雄太郎の気持ちや考え

・仲間の歌声に感動し…
・達成感は切磋琢磨の中からしか生まれないのだ
・みんなで練習を重ねてきてよかった

主題 **懸命に練習を重ね、本番では素晴らしい合唱ができて、達成感を感じている。**

例題2の答え 達成感

練習問題

✲ 次の文章を読んで、問題に答えましょう。

➡答えは別冊4ページ

（「私」・西澤（にしざわ）・千秋（ちあき）・中原（なかはら）はリコーダーアンサンブルのメンバー。ソプラノ担当の「私」は、音楽室で西澤と練習していた。）

「千秋ならソプラノできるよ。私、アリア（ここではバッハ作曲「G線上のアリア」のこと）がぜんぜんうまく吹（ふ）けなくて。聴（き）かせる演奏ができなくて。メロディーが歌えないんだ。一生懸命（けんめい）吹いても、なんか、こう、感情表現ができてないんだ」

愚痴（ぐち）というより本音だった。①千秋にも言えずにいたことを、なんで西澤にふっとしゃべってしまったのか、わからない。

西澤は、また当たり前のように言った。こいつ、人の話聞いてるのか、理解してるのか、と、私はムッとした。

「②ソプラノは、おまえだから」

「山口（やまぐち）のソプラノだから、俺（おれ）らはついていける」

黒い四角い縁（ふち）の眼鏡（めがね）の奥（おく）の目は、淡々（たんたん）としていた。

「もう一回」

西澤はうながすようにうなずいた。

――山口のソプラノだから。

1 ①千秋にも言えずにいたこと　とはどのようなことですか。文章中の言葉を用いて書きましょう。

（　　　　）

2 ②ソプラノは、おまえだから　とありますが、これは西澤のどのような思いを表していますか。次から一つ選びましょう。

ア　「私」が自分のパートをよくわかっていないようなので、確認（かくにん）したいという思い。

イ　自分たちは「私」を信頼してついていくからと、「私」をはげまそうとする思い。

ウ　「私」のパートなんだから、もっと責任をもってほしいという腹立たしい思い。

（　　）

ヒント　西澤の次の言葉に注目しよう。また、「私」は西澤の言葉を後でどのように受け止めただろう。

3 ③私たちの演奏　とありますが、「私たちの演奏」の本番はいつですか。文章中から八字でぬき出しましょう。

西澤の低い声が、しんと胸にしみた。

私のソプラノ？

吹きながら考えていた。

なんだろう、それは。

西澤が、中原が、千秋が、まず、私のソプラノに合わせてそれぞれの音を出す。その主旋律（しゅせんりつ）（中心となるメロディーのこと）を担（にな）う役として、とりあえず〝正確〟でいいのかもしれない。信頼（しんらい）があるのなら。西澤がそう言うのなら。

演奏会じゃないんだから。私の、③私たちの演奏を聴くために人が集まるんじゃないから。主役は、卒業生。私たちは、三年生を気持ち良く送り出すための役割の一つに過ぎない。卒業証書授与（じゅよ）の時のBGM（バックに流れる音楽）。一番大事なのは、途切（とぎ）れないこと。間違（まちが）えないこと。安定していること。むしろ目立ち過ぎないほうがいい。控（ひか）え目（め）に、ひそかに美しいのがいい。そう思うと、何かがふっきれた。

うまく吹こうという力みがとれた時、長く伸（の）ばしたゆったりした音の中に静かな感情がみなぎった。最初のミの音がかつてなく透明（とうめい）に響（ひび）いた。

〈佐藤多佳子（さとうたかこ）「FOUR」による〉

4 この文章の主題はどのようなことですか。次から一つ選びましょう。

ア 仲間の信頼を受け止めて自信を得る少女の姿。
イ 不安を仲間に理解してもらえない孤独（こどく）な少女の姿。
ウ だれよりも正確な演奏に誇（ほこ）りをもつ少女の姿。

（　　　）

ヒント
西澤と話した後、「私」はどのようなことを思ったのか。「私」の思ったことをまとめよう。

読解のポイント

自分の演奏に迷いをもっていた「私」が、西澤と話すことで、演奏に対する考え方が変わる場面です。

主題▶主人公の考え方の変化（成長）

7 随筆 話題と筆者の感想を読み取ろう

話題・筆者の感想

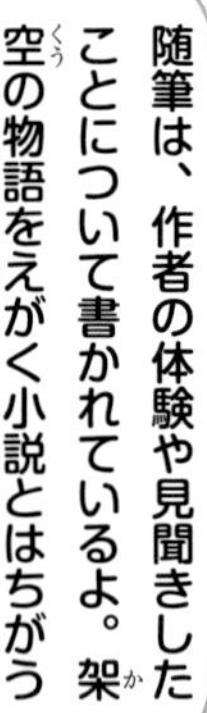
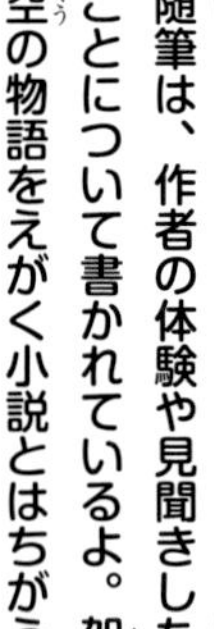
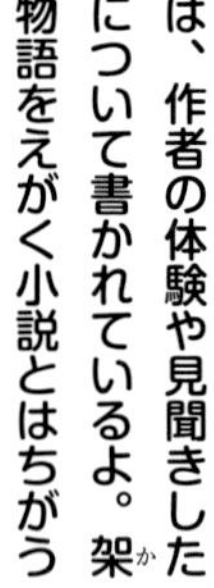

例題 次の文章を読んで、問題に答えましょう。

（筆者の息子は四歳で、初めて体験することばかりである。）

1 「あのね、幼稚園で、手を濡らしてお顔をさわってみたの。顔を洗うってこんな感じかなあと思って」——実は息子は、まだ顔を洗ったことがない。バシャバシャやるのを怖がるので、私がガーゼで拭いている。

2 目をつぶり、ひんやりした手で顔をそっと覆う息子を、思い浮かべた。ささやかだけれど確かな「初めて」がそこにはある。

3 人は大人になるまで、どれだけの「初」を通過するのだろうか。年齢とともに「初」は確実に減っていく。けれど、一月だけは別だ。誰もが味わえる「初」がたくさんある。そのことを楽しみたい。

〈俵万智「『初』を楽しむ」による〉

例題 1 この随筆の話題は何ですか。

例題 2 筆者の感じたことがまとめて書かれている段落番号を一つ答えましょう。

勉強した日 月 日

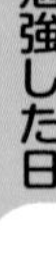
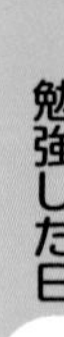

要点1 随筆の話題の読み取り方

「随筆」とは、体験したことや見たり聞いたりしたことをもとに、心に思い浮かぶいろいろな考えを書き記した文章です。

● 随筆には、特に決まった形式はありませんが、次のような構成が多く見られます。

事実（筆者の体験や見聞きしたこと）
⇐
感想や考え（筆者が感じたことや考えたこと）

感じたり考えたりしたことは、体験の後に書かれることが多いよ。

随筆の話題は、文章の初めと最後に注意して読み取ります。くり返し出てくる言葉にも注意しましょう。

・ささやかだけれど確かな「初めて」がそこにはある。
・人は大人になるまで、どれだけの「初」を通過するのだろうか。

くり返されている言葉や強調されている言葉に注目！

例題1の答え　例「初」

2 筆者の感想・考えの読み取り方

● 文末表現に注目して、筆者の感想や考えを読み取ります。

＊事実を表す文末表現の例
「〜だ。」「〜である。」など
＊考えを表す文末表現の例
「〜と思う。」「〜と考える。」
「〜にちがいない。」
「〜だろうか。」「〜たい。」など

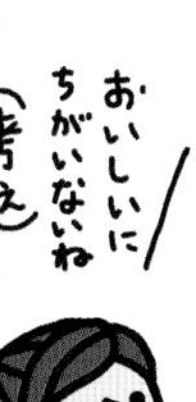

見聞きしたこと
・息子が水で濡らした手で顔をさわってみたこと。

考えたり感じたりしたこと
・人は大人になるまで、どれだけの「初」を通過するのだろうか。
・そのことを楽しみたい。

考えを表す文末表現

誰もが味わえる一月の「初」

息子の体験を聞き、自分の「初」について思いを寄せている。

例題2の答え　3

練習問題

＊次の文章を読んで、問題に答えましょう。

↓答えは別冊5ページ

筆者が通っていた小学校には給食がなく、筆者は毎日、母の作ってくれるお弁当を持って登校していた。クラスには、お弁当の代わりに自分で買ってきたパンを食べている同級生がいた。筆者は、自分で選んだコロッケパンを買って食べることにあこがれていた。

母が風邪で寝込んだのは、冬のことだった。その朝、①母は私を枕元に呼んだ。いつも元気な母の弱々しい姿は、私を急に心細くさせた。母は、消え入りそうな声で言った。

「お弁当作れないから、悪いけど、今日だけは何か買って行ってちょうだい」

私は素直にうなずいて、お昼代をもらい、いつもより軽いランドセルを背負って家を出た。②母が気がかりで後ろ髪引かれる思いだったが、硬貨を握って歩いているうちに、次第に（今日はコロッケパンが買える）という思いに心が弾み、羽ばたき、やがて飛び立つように走って校門の横のパン屋に向かった。

（②心が残って去りがたい）

1 ①母は私を枕元に呼んだ とありますが、どんなことを言うために呼んだのですか。

（　　　　）

2 ②母が気がかり とありますが、この後、筆者の気持ちはどのように変化しましたか。次から一つ選びましょう。

ア 母がお弁当を作らなかったことに、次第に腹が立ってきた。
イ コロッケパンへの期待に、次第に心が弾んできた。
ウ 一人でパンが買えるか、次第に心配になってきた。

（　　）

ヒント
家を出た後の筆者の気持ちがどう変化したのか、その理由もあわせて考えよう。

3 ③夢中で頬張りながら とありますが、このときのコロッケパンの味を筆者はどのように表現していますか。文章中から十一字でぬき出しましょう。

4 ④母への、小さな後ろめたさ とありますが、どんなことを後ろめたいと感じたのですか。次から一つ選びましょう。

その日のお昼休み、私はパン屋の白い紙袋からコロッケパンを取り出した。コッペパンはクッションのようにふわふわで、コロッケにしみたソースの甘辛い匂いが魔術のように鼻腔をくすぐった。私はコロッケパンにかぶりついた。

ちょっと湿った衣、揚げ油の匂い、ソースの香り、ほこほこのジャガイモ。それらが口の中で混じり合い、そこに時々、しんなりしたキャベツの歯触りがサリサリと加わる。

③夢中で頬張りながら（これだ！）と思った。これならいくらでも食べられる！

そのコロッケパンはまだ見ぬ人生の自由の味がした。その自由に、毎日お弁当を作ってくれる④母への、小さな後ろめたさが混じっていた。

私は今も、コロッケパンにかぶりつくたび、甘辛い自由の恍惚のどこかに、かすかに混じるやましさを味わう。

〈森下典子「こいしいたべもの」による〉

鼻腔——鼻の穴
恍惚——心を奪われてうっとりすること

ア コロッケパンと比べて、母の作ったお弁当はまずいと思ったこと。

イ 母が作ってくれるお弁当よりも、買って食べたコロッケパンに魅力を感じたこと。

ウ 風邪で寝込んだ母のことは考えず、コロッケパンを一人で全部食べてしまったこと。

（　　）

5 この体験から、筆者はコロッケパンをどのようなものだと考えていますか。□に当てはまる言葉を文章中からぬき出しましょう。

□□の恍惚の中に、かすかに混じる□□□□□を味わわせるもの。

最後の段落「私は今も……味わう。」に、現在の筆者が考えていることが書かれているよ。

読解のポイント

小学生のときの、コロッケパンにまつわる思い出を書いている随筆です。

あこがれのコロッケパン！
自由！
後ろめたさ
お母さんが毎日お弁当を作ってくれるのに……

8 随筆（ずいひつ） 筆者の考え方をとらえよう

随筆の主題

「主題」とは、筆者がその文章でいちばん伝えたいこと。筆者のものの見方・考え方に関わる内容が多いよ。

例題 次の文章を読んで、問題に答えましょう。

[1] 夏は涼（すず）しく冬は暖かく、齢（よわい＝年齢）なりの居ずまい（＝座っている様子）佇（たたず）まい（＝ありさま）をきちんと演出してくれる着物のありがたさを、このごろしみじみと感ずる。

[2] 唯一（ゆいいつ）の短所と言えば、せわしない肉体労働に適さないという点に尽（つ）きるのだが、そもそもそうした西洋的な生活行為（こうい）のほうが、日本の風土に適していないとも言える。父祖（＝先祖）が千年二千年の長きにわたって育んできた偉大（いだい）な文化に、ほんのここ百年とちょっとの間、見知らぬ異国の文化が割（わ）り込（こ）んできたのである。

[3] 肉体が衰（おとろ）え、あわただしい時間割から解放されたなら、できる限り和風に回帰（＝一回りして、また元のところにもどってくること）することこそが、てっとり早く幸福を確認（かくにん）する方法であろうかと思う。

〈浅田次郎（あさだじろう）「和風回帰」による〉

例題1 事実と、それに対する筆者の感想や考察が書かれているのは、どの段落ですか。

例題2 筆者は、この文章で、どのようなことを伝えようとしているのですか。

勉強した日　月　日

1 随筆の主題の読み取り方①

要点

随筆の主題は、筆者が随筆全体を通じて伝えたい考え方や思いです。

● 主題をとらえるためには、どこまでが事実でどこからが筆者の考えかをとらえます。

1
・夏は涼しく冬は暖かい。
・齢なりの居ずまい 佇まいを演出。 ……事実
「着物のありがたさ」を感じている。←……感想

2
着物は肉体労働には適さない。……事実
そもそもそうした西洋的な生活行為は、日本の風土に適していないのではないか。……考察

3
年をとったら、てっとり早く幸福を確認するには、和風に回帰することである。……筆者の考え

例題❶の答え　1

2 随筆の主題の読み取り方②

要点

文末表現などに注目して筆者の考え・感想をとらえ、その中から中心となる考えをとらえます。

❶ 感想・考えの文を文末表現からチェックします。
❷ 筆者の思いがこもった表現や、くり返し出てくる言葉に注意します。
❸ 題名に注目します。

▼例題では3段落と題名に注目します。

肉体が衰え、あわただしい時間割から解放されたなら、できる限り和風に回帰することこそが、てっとり早く幸福を確認する方法であろうかと思う。
←筆者の思いがこもった表現
←考えを表す文末表現

筆者の伝えたいこと（主題）
＝

例題❷の答え　例 年をとったら、てっとり早く幸福を確認するには、和風に回帰することである。

練習問題

＊ 次の文章を読んで、問題に答えましょう。

⬇答えは別冊5ページ

（小学四年生の遠足で、「私」は、溝に落ちているツバメのヒナをすくいあげ先生に見せた。が、先生はひったくるようにしてヒナを「私」の帽子に入れ、「私」を列に押し戻した。）

交通量の多いところだったから先生もぴりぴりしていたのだろう、と、今だからわかる。でも当時の私は、大好きな先生の険しい横顔と、押された力の思いがけない強さにすっかりすくんでしまい、バスが動きだしてからも帽子の中のヒナを眺めるふりを装って①うつむいていることしかできなかった。

けれど、バスは五分ほど走った後、するすると路肩（道路の外側の端）に寄って止まった。運転席のほうから無線でほかのバスとやり取りする声が聞こえ、やがて男の先生が私の席へやって来て、ひどく優しい声で言った。

「②そのヒナはここに残していこう。生きた餌しか食べないから僕らにはとても育てられないけど、ここならお母さんツバメが見つけて餌を運んでくれるから。ね？」

まわりじゅうの視線が注がれていた。私のせいで四台もの

1 ①うつむいていることしかできなかった とありますが、このとき「私」はどんな気持ちでしたか。次から一つ選びましょう。

ア 不安　**イ** 後悔

ウ 怒り　**エ** あせり

（　　）

2 ②そのヒナはここに残していこう。……餌を運んでくれるから。とありますが、「私」は、先生のこの言葉の真意はどのようなものだと考えていますか。文章中から十五字でぬき出しましょう。

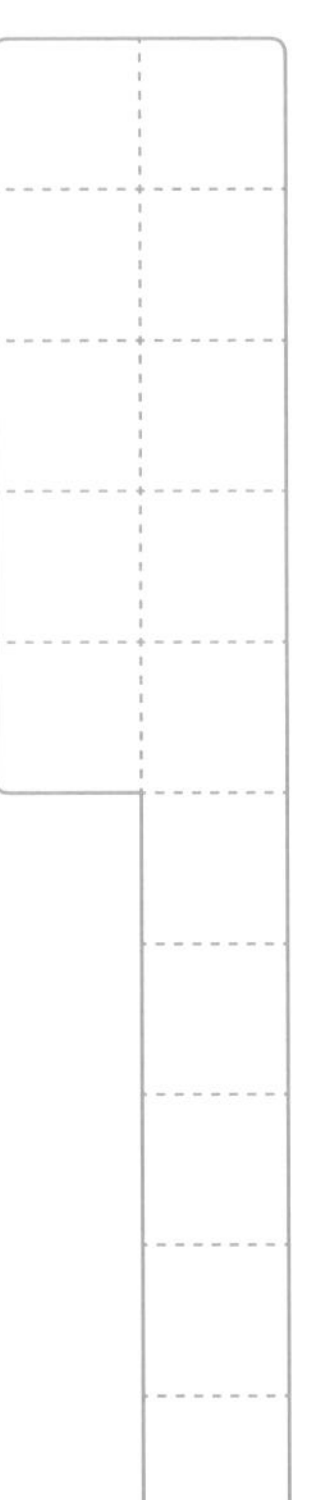

先生の言葉について「私」がどう考えているのか、次の段落に注目しよう。

3 ③顔が上げられなかった とありますが、このとき「私」はどんな気持ちでしたか。次から一つ選びましょう。

ア 自分のしたことがあまりに非常識で、クラスのみんなから非難の目で見られてつらい気持ち。

イ 自分がせっかくヒナを連れて帰ろうと思っていたのに、先生からおいて帰るように言われて腹立たしい気持ち。

バスが止まっているのだ。巣からこんなに離れた今、お母さんツバメ云々という先生の言葉がその場を丸くおさめるためのウソに過ぎないことくらい子供心にもわかっていた。でも私には何も言えなかった。そんなのウソだよ、と言ってしまったが最後、ヒナを守るために先生たちと戦わなくてはならなくなる。ああ、こんなことなら拾ったりしなければよかった。せめて元の場所に帰してやれたら……。

結局、しばらくして、バスは再び走りだした。ピィピィと鳴くヒナを、道路脇の草むらに残して。

先生たちばかりかクラスのみんなまでがほっとしているのを肌で感じながら、私はやっぱりうつむいていた。あのヒナを守らずに自分自身を守ってしまった、そう思うといたたまれなさに③顔が上げられなかった。か細いヒナの鳴き声が耳に残って、涙がこぼれそうだった。

あれから三十年ほどがたつというのに、いまだにツバメの姿を見るたび胸の奥がしくしくするのはそのせいだ。しようと思えば出来たのにしなかったこと――そういう後悔ほどいつまでも尾を引くものはない。〈村山由佳「飛べないツバメ」による〉

ウ 先生たちと戦いたくないために、先生の言葉に反対せずにヒナを置いてきてしまった自分を責める気持ち。

（　　）

4 この文章の主題はどのようなことですか。それを表した一文の初めの五字を文章中からぬき出しましょう。

□□□□□

ヒント　ツバメのヒナを拾った体験をふり返って、現在の筆者はどのように感じているのか、最後の段落からとらえよう。

読解のポイント

小学四年生のとき、ツバメのヒナを助けられなかった思い出をえがいた随筆です。

筆者の気持ち▶先生の言葉に反対する勇気がなくて、ツバメのヒナを置きざりにしてしまったことに深い後悔と悲しみを感じている。

まとめのテスト

次の文章を読んで、問題に答えましょう。

（小学四年生の草太と昇平は、自転車で冒険する計画を立てて、出発した。）

①あそこを越えれば海が見える。*1跨線橋の登り坂が、最後の難所のようだった。

昇平に追いつくためにギアを重くしかけていた草太だったが、あえてそのまま走ることにした。登り坂には軽いギアの方が有利なのだ。

案の定、昇平は坂に入った途端にペースを落とした。サドルから腰を上げて必死にペダルをこいでいるが、スピードは上がっていない。②この分だったら坂の途中で追い抜けそうだった。

昇平より先に海を見る――そんな決意を胸に、草太もラストスパートに入った。

坂のてっぺんで海が見えた。

青空の下に水平線がのび、もっと青い海とを隔てていた。沖には貨物船が浮かび、波の上で海鳥が飛び交っている。

「海だー！」

声を上げ、昇平を振り返った。草太より少し遅れて坂を登ってきた昇平も、そっちを見やって目を輝かせている。

「やったぜー！」

二人で顔を見合わせて笑い合った。跨線橋の上で自転車を停め、しばらくその場で海を眺めた。

すぐにでも走り出したい気分だったが、この場で海を眺めていたくもあった。もうちょっとだけ、海が見えた嬉しさを味わっていたかった。

海岸まではまだちょっと距離はありそうだったが、とにかく海が見えたのだ。風ケ丘からここまでの長い距離を走り、ついにゴールが見えるところまで辿り着いた。自分達の力だけでここまで来たのだと思うと、胸の奥に確かな満足感が広がってくる。

「とうとう来たなー」

昇平が言い、草太は黙って頷いた。今の気持ちをうまく言葉にすることができず、ただ何度も頷いた。

遠くから、列車が走ってくる音が響いてきた。やがて跨線橋がかすかに揺れ始め、青い列車が二人の下を走っていった。

その轟音の中、草太はずっと海を見ていた。海の広さには圧倒されそうな気がしたが、③眩しい波は自分達の冒険を祝福してくれているような気もした。

〈竹内真「自転車少年記」による〉

勉強した日　月　日

答えは別冊6ページ

得点　/100点

（注）＊1跨線橋…鉄道線路の上にかかっている橋。

1 ①あそこ　とありますが、どこですか。文章中から七字でぬき出しなさい。（20点）

2 ②この分だったら坂の途中で追い抜けそうだった。　とありますが、この後草太が昇平を追い抜いて順位が入れかわったことは、草太のどんな行動からわかりますか。文章中から八字でぬき出しなさい。（20点）

3 ③眩しい波は自分達の冒険を祝福してくれているような気もした　について次の問いに答えなさい。

(1)「自分達の冒険」とは、どのような冒険ですか。（　）に当てはまる言葉を文章中からぬき出しなさい。5点×3（15点）

（　　）から（　　）までを（　　）に乗って走るという冒険。

(2) このとき、草太はどんな気持ちでしたか。「冒険」という言葉を使って書きなさい。（25点）

4 この文章から、草太と昇平はどんな関係だとわかりますか。次から一つ選び、記号で答えなさい。（20点）

ア 昇平がリーダーシップをとり、草太が従うという関係。
イ 草太がリーダーシップをとり、昇平が従うという関係。
ウ たがいに遠慮し合っている、距離のある関係。
エ たがいの力を認め合う、よきライバルの関係。

プラスワン　気持ちのプラス・マイナスに注目！

登場人物の気持ちは、まず大まかに、プラスかマイナスかで考えるようにしましょう。プラスの気持ちとは、積極的で明るい気持ち、マイナスの気持ちとは、消極的で暗い気持ちのこと。人物の表情や、行動、情景描写などから、プラスかマイナスかを考えるとよいですよ。

かんたんチェック

心情を表す表現

喜び

□有頂天（うちょうてん）になる▼喜びの絶頂にいて、我（われ）を忘れて夢中になること。

□歓喜（かんき）▼非常に喜ぶこと。

□嬉々（きき）▼いかにもうれしそうな様子。

□気をよくする▼物事が気に入り、うれしくなる。

□満悦（まんえつ）▼満足して喜ぶこと。

□胸を躍（おど）らせる▼喜びや期待で、心がわくわくする。

問題 合う意味を線でつなぎましょう。

□①小躍りする・　・ア　心から満足してほほえむ。

□②会心の笑（え）みを・　・イ　非常にうれしくて涙（なみだ）を流す。

□③感涙（かんるい）にむせぶ・　・ウ　うれしくて、思わず躍り上がる。

悲しみ

□傷心（しょうしん）▼悲しみなどで心を痛めること。

□切ない▼胸がしめつけられるようにつらく悲しい。

□断腸の思い▼はらわたがちぎれるくらい、つらく苦しい思い。

□悲嘆（ひたん）にくれる▼悲しみ、なげく。

□悲哀（ひあい）▼あわれで悲しいこと。

□悲観▼望むようにならないと思い、がっかりすること。

□滅入（めい）る▼心が満たされず、ふさぎこむ。

□身を切られるよう▼つらさがこのうえなくはなはだしい様子。

□物悲しい▼なんとなく悲しい。

怒（いか）り

□いきどおる▼強い怒りの気持ちをもつ。

□息巻く▼激しい勢いで、怒（おこ）って言い立てる。

□気に障（さわ）る▼人の言葉や行いで、気分をこわす。

□逆上▼怒りや悲しみのために、頭に血が上って取り乱すこと。

□激怒（げきど）▼激しく怒ること。

□憤慨（ふんがい）▼ひどく腹を立てること。

問題 □に入る言葉を線でつなぎましょう。

□④□を三角にする・　・ア　腹

□⑤□をとがらす・　・イ　目

□⑥□に血が上る・　・ウ　口

□⑦□にすえかねる・　・エ　頭

驚（おどろ）き

□肝（きも）をつぶす▼とても驚く。

□驚愕（きょうがく）▼非常に驚くこと。

□動転▼驚きあわてること。

□面食らう▼突然（とつぜん）のことで、まごつきあわてる。

□呆然（ぼうぜん）▼予想外のことが起こって、あっけにとられる様子。

恐（おそ）れ

□怖気（おじけ）づく▼怖（こわ）いという気持ちになる。

□すくむ▼恐ろしさで、体が動かなくなる。

〈答え〉①ウ　②ア　③イ　④イ　⑤ウ　⑥エ　⑦ア

2 説明文・論説文

説明文・論説文のポイント

- 事実の文と意見・感想の文を読み分ける。
- 問題提起の文と結論の文をとらえる。

事実と意見

申し訳ない、五分遅れた。あ、そこの二人、職員室から原稿用紙と辞書を持ってきてくれないか？
え〜

論説文は事実を根拠として意見を述べるものだから、事実と意見の読み分けが大切です。
では、事実と意見とは、例えばどんなものか、例を挙げてください。

「先生が遅刻し、さらに忘れ物をぼくたちに取りに行かせた」のが事実。
「またか、まったくこりない先生だな」というのが意見です。

そう、「遅刻しても忘れ物をしても、生徒に愛されている先生がいる」というのが事実。

ね！

この人は……

「生徒と先生が支え合っているのは美しい」というのが意見ですね。

9 話題をとらえよう

話題・キーワード

「この文章は何について書いているんだろう?」と考えることが、「話題をとらえる」ということよ。

例題 次の文章を読んで、問題に答えましょう。

時間の速さの感覚は、そのときに置かれている心理状態によって違(ちが)います。早く経(た)って欲(ほ)しいとき、恐(おそ)ろしいと思っているときは、時間がゆっくりにしか進みません。つまらない話を聞かされているときや、後もう少しで勝てるスポーツ試合のロスタイムなどでも、時間の進みが遅(おそ)く感じられます。逆に気持ちが穏(おだ)やかで、夢中になって楽しんでいるときは、時間が早く経ってしまいます。夢中になって遊んでいる時間や、よい映画を見ているときなどは、「もうこんなに時間が経ったのか」と、おどろいた経験が多くの人にあるでしょう。楽しい時間が早く過ぎてしまうように感じるのは、残念なことです。

〈井上慎一(いのうえしんいち)「やわらかな生命の時間」による〉

例題 1 この文章で最も多く使われている言葉をぬき出しましょう。

例題 2 この文章は何について書かれたものですか。八字でぬき出しましょう。

勉強した日　月　日

1 話題のとらえ方①

要点

・話題とは、その文章が述べていることの中心となる題材です。
・話題をとらえるには、キーワードを探します。

❶ くり返し出てくる言葉は、話題に関係していることが多くあります。

キーワードは話題をとらえるカギ

▼例題では…

時間

くり返し出てくる重要な言葉を「キーワード」といいます。ここでは、「時間」がキーワードです。

❷ 「(キーワード)は…」「(キーワード)とは…」という形で書かれた文の内容には特に注意します。

例題1の答え　時間

2 話題のとらえ方②

要点

・文章の初めにある文や読者に語りかけている文に注目しましょう。

❶ 話題は、文章の初めに書かれていることが多くあります。

時間の速さの感覚は、そのときに置かれている心理状態によって違います。

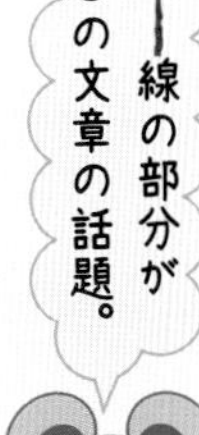

❷ 読者に語りかけている文は、話題や話題に関わっていることが多いので、気をつけましょう。

……「もうこんなに時間が経ったのか」とおどろいた経験が多くの人にあるでしょう。

語りかけている

時間の速さの感覚を話題にしている。

例題2の答え　時間の速さの感覚

練習問題

✻ 次の文章を読んで、問題に答えましょう。

⬇答えは別冊6ページ

私たちが聴(き)いて気分のよくなることばというのはいくつかの種類がありますが、そのすべてに共通するのは（誤解を招く表現ですが（誤解される可能性））、そこに誤解の余地が残されているということです。

奇妙(きみょう)に聞こえるでしょう？

でも、誤解の余地なく理解が行き届いたコミュニケーション（情報をさまざまな手段で伝え合うこと）ではなく、誤解の余地が確保されているコミュニケーションこそが、私たちにコミュニケーションをしている実感をもたらしてくれるのです。

①十代の若い人たちは、非常に会話の語彙(ごい)（ある人が用いる語の総量）が貧困です。これは、みなさんも認めてくれると思います。

「むかつく」とか「うざい」とか「きもい」とか「かわいい」とか、ほんとうに十個くらいの単語だけで延々と会話をしている女子高校生などを電車の中でみかけます。

ふつうの大人の人は、そういうのを横で聴いて「近頃(ちかごろ)の若いもんは、なんという貧しいボキャブラリー（「語彙」のこと）で意思疎通(そつう)（考えなどが相手と通じること）を

1 この文章の話題はどのようなことですか。□に当てはまる言葉を文章中からぬき出しましょう。

［　　　　　　］と［　　　］の余地の関係。

2 この文で、具体例として取り上げられている最も重要な言葉を次から一つ選びましょう。

ヒント：くり返し出てくる言葉に注目し、筆者の意見がはっきりと書かれている文を探そう。

ア むかつく
イ うざい
ウ きもい
エ かわいい

（　　）

3 ①十代の若い人たち の例から筆者が導き出したかったことを次から一つ選びましょう。

ア 十代の若い人たちの貧困な会話の語彙では、コミュニケーションは成り立たないこと。
イ 会話の語彙が貧困な十代の若い人たちのコミュニケーションがおもしろいこと。
ウ 十代の若い人たちは、貧困な語彙によって誤解の幅のあるコミュニケーションをしていること。

（　　）

行っているのだろう。あんなことでちゃんとしたコミュニケーションが成立しているのであろうか」と苦々しい顔をしたりします。

まったく、おっしゃる通りです。

あれじゃ、意思疎通はできっこありませんね。

洋服を見ても「かわいい」、化粧を見ても「かわいい」、音楽を聴いても「かわいい」。

あれでは、そのような形容詞を交わし合っているもの同士でも、何を言っているのかお互いの心の中がわかっているとはとても思われません。「かわいい」のが洋服の色について言われているのか、デザインについて言われているのか、ボタン穴の微妙な位置関係について言われているのか、スリットの角度について言われているのか、「これ、かわいいね」「うん、かわいいね」だけじゃ、わかりっこありません。

……ほらね。

ちゃんと、若い人たちだって、わざと誤解の幅があるように、コミュニケーションしているでしょう？

それこそがコミュニケーションの②「王道」だからです。

②王道……本当のあり方

〈内田樹「先生はえらい」による〉

ヒント 筆者のコミュニケーションについての考えを、十代の若い人たちの例で実証していることを読み取ろう。

4 筆者はどのようなコミュニケーションが②「王道」だと考えているのですか。文章中の言葉を使って書きましょう。

（　　　　　　）

読解のポイント

最初に筆者の考えを述べ、十代の若い人たちの会話の例を挙げて、それを実証しています。

語彙の貧困な会話
↓
誤解の幅のあるコミュニケーションになっている

筆者の考え 誤解の余地が残されているコミュニケーションこそが、私たちにコミュニケーションをしている実感をもたらしてくれる。

10 指示語を読み取ろう

指示語

「スリジャヤワルダナプラコッテ」という町について調べたよ。そこは、スリランカの首都なんだ。…こういうときに、指示語を使うと便利だね。

勉強した日　月　日

例題 次の文章を読んで、問題に答えましょう。

今年は四国在住の人たちに、たくさん虫を貰(もら)った。❶そのおかげで、四国山地での東西の境界が、どうやらかなりはっきりしてきた。寒風山(かんぷうざん)トンネルという大きなトンネルが伊予西条(いよさいじょう)（愛媛(えひめ)県西条市）にある。このあたりが境なのである。それよりわずか東の山と、わずか西の山では、棲(す)んでいるゾウムシ（昆虫(こんちゅう)の一種）の種類が違(ちが)っている。それがわかったら、この近辺を虱潰(しらみつぶ)し（落ちがないように徹底的に処理すること）に探すことになる。そうすれば、もっと細かい境界がわかる。境界では二つの種類が混在する（混じって存在していること）のだろうか、あるいは二種類ともに不在の帯があるのだろうか。混在するとすれば、雑種（ちがった種類の間に生まれたもの）はいるのだろうか。そんなことを、あれこれ頭のなかで考える。❷それがじつは楽しい。

〈養老孟司(ようろうたけし)「虫と長生き」による〉

ゾウムシ

例題1 ❶そのおかげ とは、何のおかげですか。

例題2 ❷それ が指し示している内容を「……こと」の形で答えましょう。

1 指示語が指し示す内容のとらえ方

要点
・指示内容は、ふつう、指示語の前にあります。

● 指示語とは、文章中の語句や内容を指し示す言葉です。指示語の指す内容は、前にあることがほとんどです。

これ・それ・あれ・どれ	物やことがらを指す。
この・その・あの・どの	下の言葉をくわしくする語を指す。
こう・そう・ああ・どう	下の言葉をくわしくする語を指す。

例 それよりわずか東 → 寒風山トンネルよりわずか東
このあたりが境… → 寒風山トンネルのあたりが境
そうすれば… → 近辺を虱潰しに探すことをすれば…

文頭の指示語はその前の文や語句に、文中の指示語はその直前の語句に注目。

そのおかげで ← 今年は四国在住の人たちに、たくさん虫を貰ったおかげで

例題1の答え　（今年は）四国在住の人たちに、たくさん虫を貰ったおかげ

2 指示語が指し示す内容の答え方

要点
・指示語と置きかえられるように答えましょう。
・答えに指示語を使わないようにしましょう。

❶ 指示語と置きかえて文が不自然にならないように答えます。

例 絵がうまくかけた。それは、とてもうれしかった。
=× 絵がうまくかけたは、とてもうれしかった。
=○ 絵がうまくかけたことは、とてもうれしかった。

❷ 答えの中に指示語が入る場合は、その指示語の内容も明らかにして答えます。

▼例題では、次のように考えます。

それがじつは楽しい。
↓
そんなことを、あれこれ頭のなかで考えること

この指示語の内容も明らかにする
↓
そんなことの指示内容

例題2の答え
例 ゾウムシの生息域の四国山地での東西の境界はどうなっているのかを、あれこれ頭のなかで考えること

練習問題

＊ 次の文章を読んで、問題に答えましょう。

➡答えは別冊7ページ

子どもとは何だろう。そして、子どもが大人になるとは、どういうことだろう。思うに、①それはこうだ。子どもは、まだこの世の中のことをよく知らない。それがどんな原理（根本の仕組み）で成り立っているのか、まだよくわかっていない。では、大人はわかっているのだろうか。ある程度はそうだ。大人はわかっている。しかし、全面的にわかっているわけではない。むしろ、大人とは、世の中になれてしまって、わかっていないということを忘れてしまっているひとたちのことだ、とも言えるだろう。

ソクラテス（古代ギリシャの哲学者）はかつて、②こんなことを言った。世の識者たち（物事に正しい判断を下すことができる人）は、自分がだいじなことを知らないということに気づいていない。つまり、わかっていないということを忘れてしまっている。それに対して、自分は、知らないということを知っている。つまり、わかっていないということを忘れていない。③この点で、世の識者たちよりも自分のほうがものごとがよく

1 ①それ とは、何を指し示していますか。次から一つ選びましょう。

ア 子どもとは何か、ということ。

イ 子どもが大人になるとはどういうことか、ということ。

ウ 子どもとは何か、そして大人になるとはどういうことか、ということ。

（　　）

ヒント

指示語「それ」は、直前の二つの文の内容、すぐ後の「こう」は、それ以降の内容を指しているよ。

2 ②こんなこと とありますが、ソクラテスが言った「こんなこと」をぬき出して、その初めと終わりの四字を答えましょう。

□□□□ ～ □□□□

指示語はふつう、前に述べたことを指し示すけれど、この場合は後にある内容を指しているよ。

3 ③この点 とは、どういう点ですか。次の（　）にあてはまる言葉を文章中から十九字でぬき出しましょう。

自分は、（　　　　　　　　）という点。

わかっている、と言えるだろう、と。
「知らないということを知っている」ことを「無知の知」という。知っていると思い込んでいるひとは、もう知ろうとしないだろうが、知らないとわかっているなら、なお知ろうとしつづけるだろう。知ることを求めつづけるこのありかたを「フィロソフィア」という。「フィロ」とは愛し求めることであり、「ソフィア」とは知ることである。つまり、「フィロソフィア」とは、知ることを愛し求めることを意味する。これが、④哲学という言葉（英語ではフィロソフィ）の語源だ。
だとすれば、子どもはだれでも哲学をしているはずである。子どもは、たしかに、自分が知らないということを知っている。ただ、子どもはソクラテスとちがって、たいていの場合、大人たちもほんとうはわかっていないのに、わかっていないということがわからなくなってしまっているだけだ、ということを知らない。そして、「大人になれば自然にわかる」とかなんとか教えられ、そう信じ込まされて、わかっていないということがわからない大人へと成長していくのだ。

〈永井均「〈子ども〉のための哲学」による〉

4 ④哲学という言葉（英語ではフィロソフィ）の語源について まとめた次の文の［　］に当てはまる言葉を、文章中からぬき出しましょう。

愛し求めることを表す「フィロ」と、知ることを表す「ソフィア」をあわせて、［十二字］を意味する「フィロソフィア」という言葉。

読解のポイント

「子どもとは何か、子どもが大人になるとはどういうことか」について書かれた文章です。

子ども…世の中のことをよく知らないが、知らないということを知っている。

大人…世の中になれてしまって、わかっていないということを忘れてしまっている。

筆者の考え 人は大人になる過程で「無知の知」を忘れてしまうのである。

11 接続語を読み取ろう

接続語

「がんばったよ。□二位だった。」二位でうれしいときは「だから」を入れて、二位でくやしいときは「でも」を入れるよ。

例題 次の文章を読んで、問題に答えましょう。

　世の人生訓(人生をどう生きるかについての教え)などでは、背伸びをする、ということは、避けるべきことであると教えられます。身の丈に合った(自分の程度に合った)生き方をしなさい、という提言(考えや意見)の裏には、自分の力量(能力)以上に背伸びをするな、という戒め(教え)がこめられています。

　□、私は必ずしもそうは思いません。自分の力量をこんなものだと、最初から測って判ったように思って、その範囲のなかで生き、その範囲のなかで行動したのでは、向上も進歩も望めないでしょう。現在の力量からはみだしたものに挑戦する、つまりは背伸びをすることこそ、人間の新しい可能性を拓いてくれるものです。そして背伸びをする動機として、仲間から認めて貰いたい、という願いは、大事なものの一つだと言いたいのです。

〈村上陽一郎「困った注文」による〉

例題1 □に入る言葉を次から選びましょう。

ア　そして
イ　すると
ウ　しかし
エ　ところで

例題2 そしては どのような意味で使われていますか。

ア　順接
イ　逆接
ウ　説明・補足
エ　累加・並列
オ　対比・選択
カ　転換

1 接続語とは？

・接続語は、文と文、段落と段落などをつないで文章をわかりやすくする言葉です。

● 接続語は、前の言葉の内容を受けて、後の言葉の内容を予測させるように使われます。

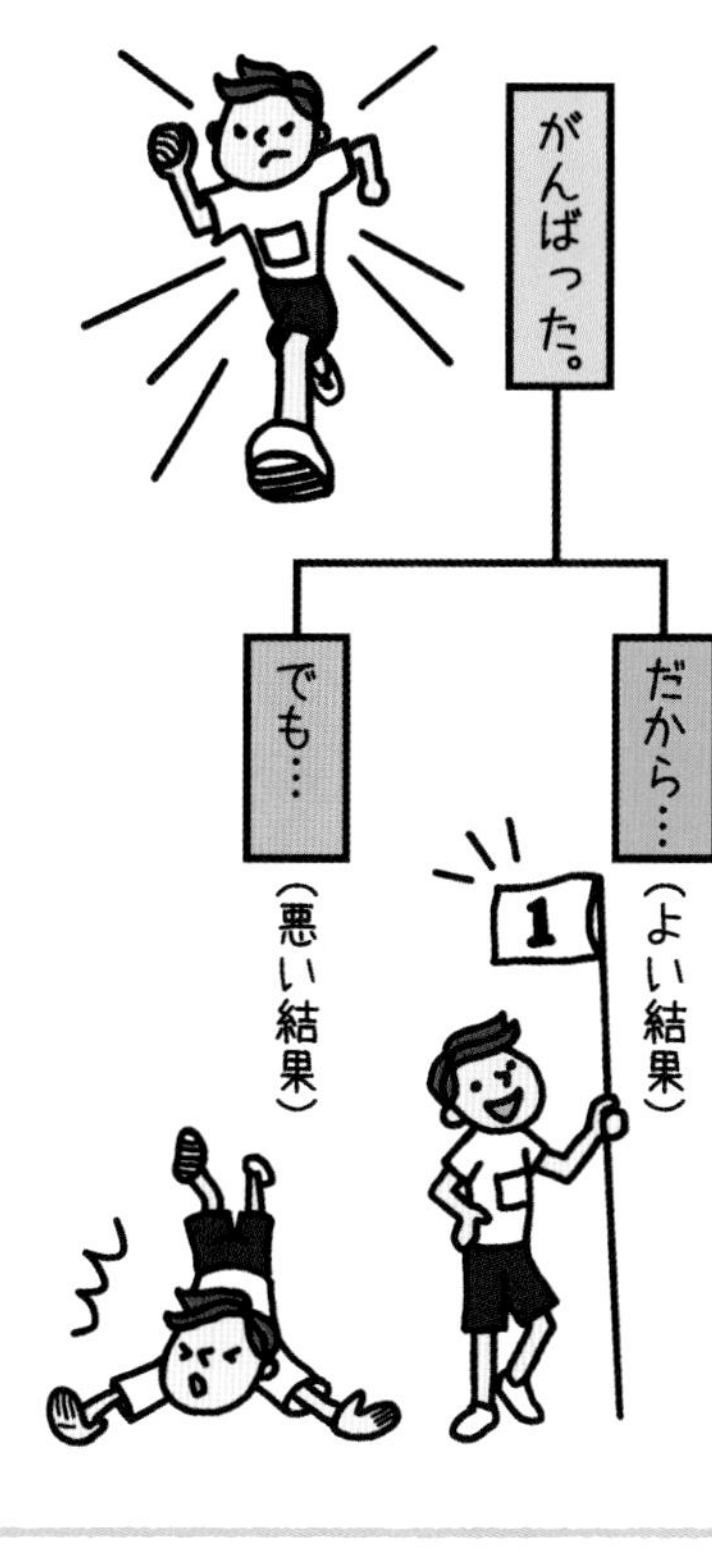

▼例題では、次のように考えます。

□の前…世の人生訓は、背伸びをするのは避けるべきだと言っている。

逆の内容　逆接の「しかし」が入る！

□の後…私は必ずしもそうは思いません。

例題1の答え　ウ

2 接続語の種類

● 接続語には、次のような種類があります。前の内容と後の内容との関係を考えましょう。

種類	働き	例
順接	前のことが原因となって、後のことになる。	例だから・そこで　すると・したがって
逆接	前のことと後のこととは内容が逆になる。	例ところが・しかし　だが・けれども
説明・補足	前のことをまとめたり、補ったりする。	例なぜなら・つまり　すなわち・要するに
累加・並列	前のことに加えたり、似たことを並べたりする。	例そして・そのうえ　また
対比・選択	比べたり、複数のものから選んだりする。	例あるいは・それとも　もしくは・また
転換	前のこととは話題を変える。	例ところで・さて　では

例題2の答え　エ

練習問題

＊次の文章を読んで、問題に答えましょう。

➡答えは別冊7ページ

「時間がないので子どもの話をじっくり聴いてあげられない」と言うひとがいる。［A］聴くことは片手間でもできる。ここは仕事をする時間、ここは料理をする時間、ここは家族で団欒（だんらん——親しい者が集まって、楽しい時を送ること）の時間と区切らなくても、料理を作りながら、何かをしながら耳だけちょっとそちらに傾けて聴くということもできる。というかむしろちゃんと聴いていないのかなというくらいのほうが、話すほうも話しやすい。真剣に聴かないほうがきちんと聴ける。日々の会話では、気が抜けた雑談のなかから何かが生まれるなどということもよくある。だからといっていい加減に聴いていればいいというわけでもなく、このひとはいま自分のためにここにいてくれるという感触があればいい。あなたのために早く帰ってきた、ほんの少しだけでもここにいる、この時間はあなたのためにとってあると時間をプレゼントする。そういうことは、子どもは感じ取れる。［B］そういう関係さえあれば、子どもの口から言葉はおの

❶ ［A］に当てはまる接続語の説明として適切なものを次から一つ選びましょう。

ア Aの前では子どもの話を聴けないことを言い、後ではそのことを別の言葉で言いかえているので、「つまり」がよい。

イ Aの前では子どもの話を聴けない原因を言い、後ではその結果について述べているので、「だから」がよい。

ウ Aの前では子どもの話を聴けないと言い、後では聴くことはできると反対のことを述べているので、「でも」がよい。

（　　）

❷ ［B］・Cに当てはまる適切な接続語を次から一つずつ選びましょう。

B
ア すると
イ そして
ウ けれど
エ なぜなら

（　　）

C
ア したがって
イ ところで
ウ つまり
エ あるいは

（　　）

Bは、前に述べたことに付け加えていることを読み取ろう。
Cは、例を並べて比べる場合の接続語が入る。

ずから漏れてくる。

聴くことのプロは、あえて聴かないことも聴くことの一つとよく心得ている。臨床心理学者の河合隼雄さんは、かつて相手の口を開かせるコツとして、こんなことを推奨（いいよと人にすすめること）していた。「ほう」と切り返すこと、河合さんの言葉で言えば「感心する才能」である。わたしはあなたに関心があるという信号をくり返し送るということである。

接客業のプロは、受けとめること、認めることだけが聴くことでないことを熟知している。たとえば憎まれ口を叩く（人が嫌がることを言う）、わざとつれなくする（よそよそしくする）、思いとは逆のことを言う、聞こえていないふりをするなどして、相手を突き放す。［C］、聞き流す、聴かなかったことにする、逸らす、とりあわないなどして、相手をはぐらかす。もちろんこんこんと諭したり説教したりすることもある。そんな緩急や押し引きをよく心得ている。

いずれにせよ、聴くときに大事なのは、最後までつきあうことだ。《時間をあげる》ということだ。

〈鷲田清一「わかりやすいはわかりにくい？――臨床哲学講座」による〉

3 筆者は、話を聴くときにいちばん大事なのはどのようなことだと考えていますか。文章中の言葉を使って書きましょう。

「聴くことのプロ」や「接客業のプロ」の例の後に、聴くときにいちばん大事なことをまとめているよ。

読解のポイント

子どもの話を聴く場合と、聴くことのプロと接客業のプロの話を例に、「聴く」ときの態度について述べている。

筆者の考え 聴くときには、時間をあげるつもりで、最後までつきあうことが大切である。

12 言いかえの表現を読み取ろう

言いかえの表現

同じ言葉ばかりの文章は読みにくいし、たいくつだよね。言いかえ表現をうまく使えば、わかりやすくて面白い文になるよ。

勉強した日　月　日

例題 次の文章を読んで、問題に答えましょう。

飼育ゾウは、原自然生態系に属しているわけではない。人間に餌（えさ）を与（あた）えられ、人間の介護（かいご）（――手厚く世話をすること）と世話のもとに生き長らえている動物である。生活史の上でも、野生のゾウとは全く異なっている。種（しゅ）（――種族）としての特徴（とくちょう）はいくつか残していて、それを観察することはできても、基本的に、人間の管理下にある。野生動物ではないし、人間の管理下におかれた飼育動物が、原自然の野生に、本来の野生ゾウとして返ることは、ほぼ不可能に近い。飼育管理下にある人間くさくなった動物は、人間的にしか生活できず、その人間的であることが、野生動物の生活とは相容（あいい）れない（――立場が相反していて両立しない）からである。

〈中村千秋（なかむらちあき）「アフリカで象と暮らす」による〉

例題1 飼育ゾウ　とはどんな動物ですか。三十二字でぬき出しましょう。

例題2 飼育ゾウ　のような動物を言いかえた、十五字と十八字の言葉をぬき出しましょう。

1 語句を言いかえる理由

要点

・説明文・論説文では、大事なことほど、何度も言葉をかえて説明されます。これを言いかえの表現といいます。

● 言いかえの表現には、次のような働きがあります。

・文章が単調になるのを防ぐ。
・言葉が表すイメージを印象深くし、理解を助ける。
・難しい言葉を、易しい言葉やくわしい説明で解説する。
・これまで述べたことをまとめる。

飼育ゾウ → 人間に餌を与えられ、人間の介護と世話のもとに生き長らえている動物

「飼育ゾウ」をよりくわしく説明するために言いかえているよ。

例題1の答え

人間に餌を与えられ、人間の介護と世話のもとに生き長らえている動物

2 言いかえのしかた

● 言いかえのしかたには次のようなものがあります。

①指示語で言いかえる。
例 **文化祭**が始まった。**それ**は大成功するだろう。

②具体例や比喩(ひゆ)で言いかえる。
例 **体育祭**が終わった。**学校が一つになったような大会**だった。

③言いかえを表す言葉を使う。
例 「昨日、**母の姉の息子(むすこ)**、つまり**僕(ぼく)のいとこ**に会ったよ。」

④具体的表現⇅抽象的(ちゅうしょうてき)表現
例 みかんやりんご⇅くだもの

飼育ゾウ → 人間の管理下におかれた飼育動物
飼育ゾウ → 飼育管理下にある人間くさくなった動物

例題は④のパターン

例題2の答え

・人間の管理下におかれた飼育動物
・飼育管理下にある人間くさくなった動物

練習問題

＊次の文章を読んで、問題に答えましょう。

⬇答えは別冊8ページ

（江戸（えど）時代、身分の高い武士はお金がなく、低い商人はお金があった。）

江戸時代の身分制度というのは、名を取った人たちには実がなく、実を取った人たちには名がないという「痛み分け（たがいに弱みがあり、どちらが上とは言えない状態）」のような形で実質的なバランスが取れたものだったのです。

武士も農民も工人も商人も皆（みな）、何らかの形で我慢（がまん）をしながら、そこそこの生活が送れる社会、それが①江戸時代の社会構造でした。

確かに長い江戸時代には、ただでさえ押（お）しの弱い日本人を、外国の刺激（しげき）から遠ざけることで、さらに押しの弱い民族にしてしまったという問題点があることは事実です。

それでも、余計なことをしなければ、みんなが②そこそこの暮らしをすることができた江戸時代の生活というのは、日本人にとっては、③ある種の理想社会だったと言えないこともありません。

事実、日本人は江戸時代が大好きで、本当は江戸時代のほ

---

1 ①江戸時代の社会構造 とありますが、どんな社会ですか。文章中から四十一字の言葉をぬき出して、初めと終わりの五字を書きましょう。

□□□□□ ～ □□□□□

ヒント　「江戸時代の社会構造」は何度も言いかえられている。その中から字数に合うものを探そう。

2 ②そこそこの暮らし とありますが、どんな暮らしですか。次から一つ選びましょう。

ア これ以上は悪くならないという暮らし。
イ 十分ではないが、一定のレベルにある暮らし。
ウ どん底の生活を笑っていられる暮らし。
エ いつも自分のしたいことができる暮らし。

（　　）

3 ③ある種の理想社会 とありますが、それはどんな社会ですか。文章中から十字の言葉をぬき出しましょう。

□□□□□□□□□□

ヒント　二つ先の段落で、「日本人の心を捉え」た社会について述べられているよ。

うがよかったのではないかという郷愁から今も逃れられないでいます。

何がそんなに日本人の心を捉えているのか。それは、見た目の身分制度とは異なり、実質的には江戸時代の社会が、決定的な弱者がどこにもいない「基本貧乏な総中流社会」に近かったからなのではないかと思います。

昭和の初めから戦争直後の頃、日本は高額所得者の税率が異常に高かったことがあります。松下幸之助などは所得のほとんどが税金だったこともあったようですが、そのことについて、特に不満めいたことを言うことは少なかったといいます。なぜなら当時の日本には、働きのいい人が働きのよくない人に与えて社会の安定を保つように努めるのは当然のことだ、という江戸時代以来の共通理解があったからです。

世界中で共産革命の嵐が吹き荒れる中、日本で革命が起きなかったのは、実は起こす必要がなかったからなのです。日本は共産革命を起こすまでもなく、すでに「社会主義」が成功していた国だったのです。

〈齋藤孝「日本人は、なぜ世界一押しが弱いのか？」による〉

郷愁：遠い昔や過去のものに心がひかれること
高額所得者：たくさんの収入がある人
松下幸之助：松下電器産業（現パナソニック）の創業者
共産革命：社会の資産を共有して貧富の差をなくそうとする急激な運動
社会主義：社会の資産を共有して平等な社会をつくろうとする考え

4 ③ある種の理想社会 だった日本の国を、筆者は別の言葉で何と言っていますか。文章中から十四字でぬき出しましょう。

□□□□□□□□□□□□□□

読解のポイント

江戸時代の社会を、さまざまな言葉で言いかえながら分析し、今の日本人とのつながりを述べています。

「何らかの形で我慢をしながら、そこそこの生活が送れる社会」
＝
「ある種の理想社会」
＝
「決定的な弱者がどこにもいない『基本貧乏な総中流社会』に近い社会」
＝
「『社会主義』が成功していた国」

筆者の考え 決定的な弱者がどこにもいない江戸時代の社会は、社会主義が成功した社会ともいえる。

13 筆者の意見とその根拠（こんきょ）を読み取ろう

意見と根拠

かわいいから、犬が好きなの。
「犬が好き」が意見で、「かわいい」ことがその根拠よ！

勉強した日　月　日

例題 次の文章を読んで、問題に答えましょう。

（食物を持ち帰って仲間と分かち合うためには、自分の食欲をおさえなければならない。これができる霊長類（れいちょうるい）は、人間だけである。）

人間の食事には長い人間の進化の歴史が濃縮（のうしゅく）されている。食事をするために必要な抑制（よくせい）と同調は、私たちの祖先が高い知能をもつ前に獲得（かくとく）した人間の社会性の原点ともいうべきものだ。ところが、❶現代の人々は食べるという行為（こうい）の中に本来埋め込（うこ）まれているはずの社会性をだんだん失いつつある。それは、人々が食べるという行為にあまりにも効率を求めすぎた代償（だいしょう）だと私は思う。古くから人間は食べることに過大な手間と時間をかけてきた。親しい仲間といっしょに食べる快楽、未知の仲間と食卓（しょくたく）を囲む喜びと興奮は、人間だけが持っている貴重な進化の遺産である。❷食事という社会的行為が消滅（しょうめつ）したとき、人間の社会性も危機に直面する。

濃くすること——濃縮
勢いをおさえること——抑制
他と合わせること——同調
つぐないの代価——代償

〈山極寿一（やまぎわじゅいち）「食卓の進化論」による〉

例題1 ——❶のようになった理由についての筆者の意見をぬき出しましょう。

例題2 ——❷の主張の根拠として最も適切な一文の初めの五字をぬき出しましょう。

1 事実と意見とを読み分ける

要点
・事実と意見とを読み分けるとき、文末表現が手がかりになります。

● 説明文や論説文を読むときは、どこまでが事実で、どこからが意見なのかを区別して読みます。

事実…だれでも経験できたり、確かめられたりすることがら。
意見や感想…その人が判断したことや考えたことがら。

＊文末表現の例

事実	〜・だ（です）・〜である（です）	
意見や感想	と思う・と考える・はわからない…………	主観
	といえる・確実である・にちがいない……	確信
	かもしれない・と考えられる・と思える…	推論
	べきである・でなければならない…………	主張

それは、人々が食べるという行為にあまりにも効率を求めすぎた代償だと私は思う。
（それ＝❶を指す／と私は思う＝意見や感想の文末表現）

例題❶の答え
人々が食べるという行為にあまりにも効率を求めすぎた代償だ

2 意見の根拠を読み取る

● 筆者の意見には、理由や根拠があります。理由・根拠は、多くの場合事実にもとづいています。

例 **毎日給食にみかんを出すべきだ。**（主張の文）
なぜなら、みかんはおいしくて健康に良いからだ。

「なぜなら」「〜からだ」などの根拠の表現に注意する。

主張 食事という社会的行為が消滅したとき、人間の社会性も危機に直面する。

なぜ そう思うのか

根拠 食事をするために必要な抑制と同調は…人間の社会性の原点ともいうべきものだ。

「食事」と「人間の社会性」の関係について説明されている文を探す。

例題❷の答え
食事をする

練習問題

＊ 次の文章を読んで、問題に答えましょう。

➡答えは別冊8ページ

アメリカで暮らしていた次男の話の続きだが、次男の家にいるお手伝いさんが台所で働いていて、手からコップが滑(すべ)り落ち割れてしまった。日本人ならこういうとき「私がコップを割りました」と言う。ⓐでもアメリカの人はけっしてこういうことは言わないそうだ。「グラスが割れたよ」と言ってきた。ⓑ「お前が割ったんじゃないか、なぜ自分が割ったと言わないのか」と言ったら、ビックリしていたという。英語で「私がコップを割った」というとどういう意味になるか。壁(かべ)か何かにコップをわざとぶつけて割った、という意味になってしまうようだ。トンカチ(金づち)なんかでコップをたたけば割れる。ⓒそういうときに「私がコップを割った」と言う。コップがあやまって手から滑って割れたときはコップが割れたんであって、私が割ったんじゃない、と頑張(がんば)るそうだ。ⓓ理屈(りくつ)を言えば確かにそうである。

ヨーロッパ人ばかりいるところで、こういう話をしたら、

1 ---線ⓐ〜ⓓの文のうち、事実を述べた文には△を、意見や感想を述べた文には○を書きましょう。

ⓐ（　　）　ⓑ（　　）

ⓒ（　　）　ⓓ（　　）

ヒント
文末の表現から考えよう。文末を「だと思う」の形にしてみるとわかりやすいよ。

2 ①もしかしたらそういう言い方をするのは、日本人だけかもしれない。とありますが、筆者がそう考えた根拠(こんきょ)を次から一つ選びましょう。

ア 日本人は、アメリカ人やヨーロッパ人や中国人のように理屈をつけて自分が正しいと言うことが苦手だから。

イ 日本人は、アメリカ人やヨーロッパ人や中国人とはちがって、他人が見ていなくても自分のあやまちは認めるから。

ウ アメリカ人もヨーロッパ人も中国人も「コップが割れた」と言うから。

（　　）

3 ②こう考える とありますが、その考えが書かれているのはどこからどこまでですか。その部分の初めと終わりの四字をぬき出しましょう。

□□□□ ～ □□□□

アメリカ人と全く同じ反応をした。彼等(かれら)もそういうときは「コップを割りました」とは言わない、「コップが割れた」と言うと言う。それで私は中国人にも聞いてみた。中国人は日本と近いから日本人と同じ表現をするかと思ったのだが、彼等もコップが手から滑り落ちて割れたのはコップが割れたんであって、私が割ったのではない。だから「私がコップを割りました」とは言わないと言うのである。①もしかしたらそういう言い方をするのは、日本人だけかもしれない。これはすばらしいことではないだろうか。

なぜ日本人に限っては、手から滑り落ちたコップに対して「私が割った」と言うか。これは日本人の責任感だと思う。つまり日本人は②こう考えるのである。自分の手からコップが滑り落ちて割れたのは、自分が油断していたからだ。自分がしっかりしていたならばこのコップは割れなかった。自分がうっかりしていたからコップが割れた。このことの責任は自分にある。だから「コップを割りました」という言い方になるのである。こういう考え方は日本人の美徳(立派な性質)であると私は考える。

〈金田一(きんだいち)春彦(はるひこ)「ホンモノの日本語を話していますか？」による〉

指示内容が指示語の後に出てくることに注意。最後の一文の「こういう考え方」も同じ内容を指しているよ。

4 これはすばらしいことではないだろうか。とありますが、そう考えるのはなぜですか。文章中の言葉を使って書きましょう。

（　　　　　　　　　　）

読解のポイント

「コップを割った」という言い方が日本独特であることを、外国人の言い方と比べて述べている文章です。

アメリカ・ヨーロッパ・中国では……
コップが割れた
日本では……
私がコップを割った
責任感

筆者の考え 「コップを割った」という言い方には、日本人の責任感が表れている。責任感は日本人の美徳だ。

14 段落の要点をつかもう

段落の要点

「要点」とは、文章や段落の特に大事な部分だよ。

勉強した日　月　日

例題 次の文章を読んで、問題に答えましょう。

（オナモミは、夜の長さをはかることで冬の訪れに備えている。）

1　オナモミ（キク科の一年草）だけでなく、夏から秋に花を咲かせ結実する植物は、冬の寒さに弱い植物なのだ。だから、冬の寒さの訪れを前もって知らねばならない。そのために、これらの植物の葉がツボミをつくるための夜の長さをはかる精度は、想像以上に高い。オナモミは、夜の長さが八時間一五分ではツボミをつくらないが、夜の長さがあと一五分長い八時間三〇分になれば、ツボミをつくる。オナモミは、一五分間の違いを識別（物事の種類や性質などを見分けること）しているのだ。

2　このしくみは、夜が長くなると花を咲かせる植物たちに共通である。多くの植物は、約一五分間の長さの違いを識別する。

〈田中修「雑草のはなし」による〉

例題1 1段落の中心になっている文の、初めの五字をぬき出しましょう。

例題2 1段落の要点を、まとめましょう。

1 段落の要点のとらえ方①

要点

・段落の要点をとらえるには、その段落の中心文を探します。中心文とは、その段落の中で、主張の中心になっている文のことです。

● 次の点に注意して、段落の中心文を見つけます。

①中心文は、キーワードをふくんだ文や、まとめた言い方をしている文であることが多い。
②事例の文は、ふつう中心文にはならない。

▼例題では、次のように考えます。

①4・5番目の文は、事例なので、中心文ではない。
②キーワードをふくんでいる文を探す。

キーワード→くり返し出てくる言葉を探す
この文章では…「植物」「夜の長さ」

【中心文】 そのために、これらの植物の葉が…夜の長さをはかる精度は、想像以上に高い。

例題❶の答え そのために

2 段落の要点のとらえ方②

● 要点は、中心文をもとにして、「何は、どうである(何は、何だ)」ということがらを入れてまとめます。

▼例題では、中心文の中にある指示語の内容を補いながらまとめます。

【中心文】 そのために、これらの植物の葉が…夜の長さをはかる精度は、想像以上に高い。

そのために → 冬の寒さの訪れを前もって知るため
これらの植物 → 冬の寒さに弱い植物

例題❷の答え (冬の寒さの訪れを前もって知るために、)冬の寒さに弱い植物の葉が夜の長さをはかる精度は、想像以上に高い。

練習問題

＊次の文章を読んで、問題に答えましょう。

➡答えは別冊9ページ

（物質はふつう、液体から固体になると、重くなる。ところが、水は例外で固体になると、軽くなり、氷は水に浮く。これには分子の密度が関係している。）

1　液体の水を冷やしていくと、摂氏四度で密度（物質の質量を体積で割ったもの）が最大になり、さらに冷やすと軽くなる。そして、氷になるともっと密度が小さくなって水に浮く。この特殊（とくしゅ──ふつうとちがっていること）な性質は、水の分子が酸素原子（物質を構成している最小の単位）一個と水素原子二個でできた「エイチ・ツー・オー」であることと関係が深い。

2　水の温度がさがってくると、まるで、寒いときに電線にとまったスズメが身を寄せあうように、水の分子は隣どうし密にくっつくようになる。すかすかのものよりも、ぎゅっとつまったもののほうが重いから、水も密度があがって重くなる。

3　ところが、低温になってくると、水の分子の風変わりな性質が現れはじめる。ただくっつきあうのとはべつに、隣ど

1　1段落を読んで、軽い順に1〜3の数字を書きましょう。

（　）摂氏四度の水

（　）摂氏四度より冷たい水

（　）氷

「密度が大きい」ときは重くなり、「密度が小さい」ときは軽くなるよ。

2　2・3段落の要点を、次のようにまとめました。□に当てはまる言葉を、指定された字数でぬき出しましょう。

2	3
水の温度がさがってくると、水の分子は A（十字） ようになり、水は密度があがって重くなる。	低温になると、水の分子はくっつきあうのとはべつに、隣どうしが B（四字） という結びつき方をしようとする。

A

B

□の前後の言葉やそれに似た言葉を文章中から探し、その文と照らし合わせよう。

ヒント

3　四度以下では密度はあがらず、水は重くなれない　とありま

うしが妙（みょう）な仕方で結びつこうとするのだ。もちろん覚える必要なんてないけれど、この結びつき方のことを、化学の言葉では「水素結合」という。この水素結合をするときに主役になるのが、水分子のなかの水素原子だ。

4 水素結合による結びつきは、隣あった水の分子どうしがあまり近づかずに一定の距離（きょり）をたもとうとする。だから、低温になって水の分子どうしがくっつこうとしても、水素結合がそれをはばんで（じゃまをする）しまうため、四度以下では密度はあがらず、水は重くなれない。低温で水の分子どうしがくっつこうとする性質と、くっつくのをはばもうとする水素結合の性質とのせめぎあい（たがいに対抗（たいこう）して争うこと）の境目が、四度なのだ。

5 そして零度（れいど）になると、水は完全に水素結合で結びついて氷になる。水素結合のために、氷は水よりもすかすかで軽いから、水に浮く。

〈保坂直紀（ほさかなおき）「謎解（なぞと）き・海洋と大気の物理」による〉

すが、その理由を「水素結合」という言葉を使って書きましょう。

（　　　　　　　　　　）

4 この文章に見出しをつけたいと思います。適切な見出しを十字以内で考えて書きましょう。（句読点は不要。）

□□□□□□□□□□

読解のポイント

氷が水に浮くわけを、水素結合によって説明している文章です。

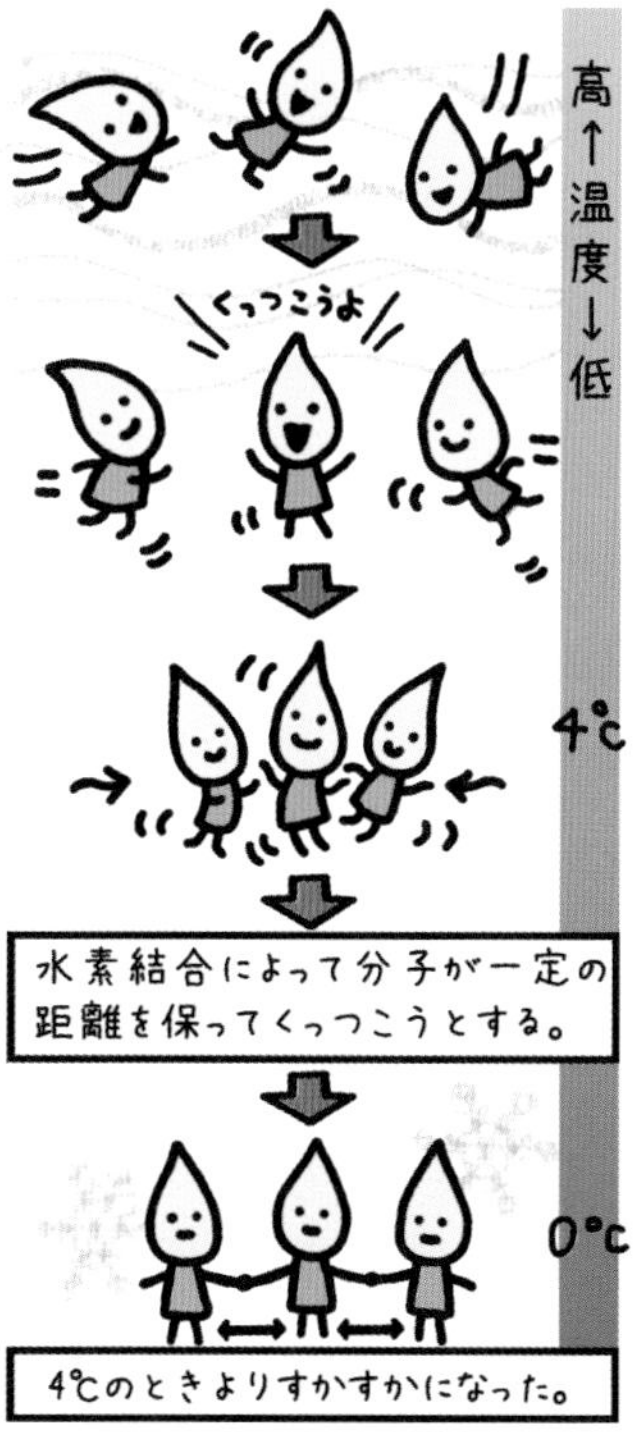

氷が浮くわけ ▶ 水素結合のために、氷は水よりもすかすかで軽くなるから。

15 段落の構成をとらえよう

段落の構成

結論から話す人は、頭括型。結論を最後に話す人は、尾括型。話の途中で結論を忘れちゃう人は、どう呼ばれるんだろう…。

勉強した日　月　日

例題 次の文章を読んで、問題に答えましょう。

（夢には不要な記憶を消す働きがあり、知能の高い動物がみるものとされてきた。一方、ハリモグラは夢を見ない。）

1　長い間、ハリモグラ（オーストラリアに生息するカモノハシの仲間）はあまり知能の高い動物ではないという認識が強かったのですが、最近、オーストラリアの研究者の研究によって、実は高度な知能の持ち主であることが報告されました。記憶力が異常に発達していることがわかったのです。

2　例えば、人間は忘れる生き物といわれています。なぜなら、寝ている間に生きるために必要な記憶とそうでない記憶を選別する能力があるからです。しかし、ハリモグラにはその選別能力がありません。不必要な記憶を捨てずに脳にどんどん貯め込んだ結果、脳の容量がとても大きくなったというのです。記憶を削除する能力が欠如しているというハンディキャップ（立場を不利にする条件）ゆえに、自ず

例題1 1段落と2段落の関係を次から選びましょう。

ア　事実とその説明

イ　意見とその説明

ハリモグラ

例題2 次の□に合う言葉を九字でぬき出して、3段落で述べられたことがらの根拠を説明しましょう。

ハリモグラは夢を見ないのに、□であるということが根拠である。

自然にと脳の容量が拡大され、脳みそが発達したというわけですね。

3 だから、必ずしも、賢い動物が夢を見る、夢を見ない動物は知能が低い、とはかぎらないわけです。

〈富田京一「生き物たちはウカウカ寝ていられない？」による〉

1 段落の関係

要点

・段落には、次の二つがあります。
①形式段落…行の最初の一字が下がっているまとまり。
②意味段落…同じ役割の形式段落を、ひとまとまりにしてとらえたもの。

● 説明文や論説文を読むときは、となりあった形式段落どうしの意味のつながりに注意します。

＊意味のつながりの例
・事実と意見・原因と結果
・事実とその説明（例や根拠）・意見とその説明（例や根拠）

▼例題の段落は次のような関係です。

1…事実について。
2…1で述べた事実の説明。
3…1・2を根拠にした結論。

形式段落の要点や、接続語・指示語が手がかりになるよ。

例題1の答え　ア

2 意味段落の構成の型

❶ 意味段落は、おおよそ次の三つにまとめられます。

序論＝序文＝前置き＝問題提起
本論＝本文＝くわしい説明
結論＝まとめ

❷ 文章の構成には次の型があります。

①結論が最後にある型（尾括型）
②結論が最初にある型（頭括型）
③結論が最初と最後にある型（双括型）

序論　本論　結論

1 ハリモグラは高度な知能の持ち主である。【事実】
2 ハリモグラは記憶を削除する能力が欠如しているため、脳みそが発達した。【1で述べた事実の説明】
3 賢い動物が夢を見る、夢を見ない動物は知能が低いとはかぎらない。【結論】

例題2の答え　高度な知能の持ち主

練習問題

＊ 次の文章を読んで、問題に答えましょう。

➡答えは別冊9ページ

[1] 最近、国際的な学力調査の結果が公にされる度に、日本の小・中学生の学力低下が指摘され、憂慮されています。このことは確かに問題でしょう。しかし、それ以上に注目すべきなのは、日本の子どもたちの勉強や学習に対する態度や認識です。すなわち、「勉強がおもしろい」「もっと勉強したい」「やればできる（自信がある）」といった、勉強への意欲が弱く、自信も低いのです。（河地和子『自信力はどう育つか』朝日選書、二〇〇三年）

[2] 勉強であれ仕事であれ、人はなにごとかを達成したいとか、より良い成果を上げたいといった動機づけ（達成動機づけ）をもっています。学校生活を送っている子どもにとっては、学力、勉学で良い成果を上げたいとの動機づけが大切です。そして、より高い成果を上げること、それができた自分に満足するのは自然なことです。これが、なぜ日本の子どもの場合には弱いのでしょうか。

公にされる――公表される
憂慮――あれこれ考えて心配すること
動機づけ――行動を起こす理由

1 [1]段落の中心になっている文はどれですか。その文の初めの四字をぬき出しましょう。

ヒント
[2]段落以降の内容につながっていくことがらが書かれている文を探そう。

2 [2]段落の要点を、次のようにまとめました。[　]に当てはまる言葉を、文章中から六字でぬき出しましょう。

日本の子どもの場合、学力、勉学の面で[　]が弱いのはなぜなのか。

3 [1]段落と[2]段落の関係の説明として最も適切なものを次から一つ選びましょう。

ア　[2]段落では、[1]段落の内容とは別のことがらを取り上げて、新たな問題提起をしている。

イ　[2]段落では、[1]段落の内容をさらにくわしく説明して、問題提起をしている。

ウ　[2]段落では、[1]段落の内容の具体例を挙げて、[1]段落の問題をもう一度提起している。

（　　）

3 達成動機づけと並んで、人の行動を方向づけるものに、他者と親しい関係をもちたいという親和動機づけがあります。この二つは概ね独立の動機です。ところが、日本では二つが正相関しており、密接に関係しているのです。これは日本人において自分と他者とは分かち難く結びついていること、すなわち、他者との調和的関係が自己の安定にとって重要であるということとも関係しています。

（親和…人と親しむこと　正相関…一方が増えれば他方も増える関係　調和的…衝突がなく、つりあいがとれている）

4 子どもの学習への動機づけでも、「勉強がおもしろい」「新しいことを知るのが楽しい」「できるようになる自分が好きだ」といった達成への動機づけよりも、「親を喜ばせたい」「（成績が下がると）お母さんが怒るから」「叱られないように」といった他者、とりわけ親への配慮や親との関係を良くしようとする気持ちなどが強いのです。日本の文化的特徴を背景に、親の子どもに対する関心や介入の強さが加わって、日本の子どもたちに強い他者志向的な学習動機づけが醸成されているのでしょう。

（介入…強引に関わること　他者志向的…他人からの評価に心が向かうこと　醸成…徐々に作り出すこと）

〈柏木惠子「子どもが育つ条件――家族心理学から考える」による〉

4 2段落で提起した問題に対して、筆者はどのように答えていますか。答えの文の初めの六字をぬき出しましょう。

□□□□□□

ヒント　この文章では、4段落が結論の段落になっていることをとらえ、そこから探そう。

読解のポイント

この文章は、序論（1・2段落）―本論（3段落）―結論（4段落）という構成になっています。

筆者の意見▶日本の文化的特徴を背景に、親の子どもに対する関心や介入の強さが加わって、日本の子どもたちに強い他者志向的な学習動機づけが醸成されている。（＝達成動機づけが弱くなっている。）

16 要旨(ようし)をとらえよう

要旨

「要約」は文章全体をまとめたもので、「要旨」は筆者がいちばん言いたいことだけを短くまとめたものだよ。

勉強した日　月　日

例題 次の文章を読んで、問題に答えましょう。

1　フィルムカメラ、とくに昔の機械式カメラは、明らかに趣味(しゅみ)機器だった。それを手にするだけで満足がある。その機器自体が趣味の物品だった。その上撮(と)った写真がよければ、さらに人生は楽しい。

2　昔の人生はそうやって趣味機器と共にあったのだ。それがいまは人生を遊んでいるつもりでも、手にしているのはほとんどがデジタル系の事務機器である。昔の人生は趣味だったのに、いまは人生が事務に変わってきているような気がしてならない。そのせいではないと思うが、人生が嫌(いや)になる人の率は驚(おどろ)くほど増大している。

〈赤瀬川原平(あかせがわげんぺい)「日本男児(にっぽんだんじ)」による〉

例題1 2段落の中心になっている文の、初めの六字をぬき出しましょう。

例題2 ――線の部分と、2段落の中心文とを合わせて、この文章の要旨を書きましょう。

1 要旨をとらえる

要点

・要旨とは、その文章全体で筆者が最も強く述べたい中心的な内容です。
・要旨は、結論の段落をおさえてまとめます。

❶ 何が話題になっているか確認し、結論の段落を見つけます。

結論は、文章の初めや終わりにあることが多いよ。

❷ 結論の段落の中心文を見つけます。

＊中心文の例
・問題提起についての答えの文。
・明らかになった事実、あるいはその根拠の文。
・話題についての筆者の考えや意見、願いの文。
・「つまり」などで始まる、まとめの形の文。

> 昔の人生は趣味だったのに、いまは人生が事務に変わってきているような気がしてならない。
>
> ↑筆者の考え

例題❶の答え 昔の人生は趣

2 要旨をまとめる

● 結論の段落の中心文をもとに、要旨をまとめましょう。

①筆者の考えの本筋ではないところは省略する。（←具体例や引用の部分、くり返しの部分など）
②指示語があるときは、指示内容を明らかにする。
③必要に応じて根拠や理由などを付け加える。

▼例題の結論の段落の中心文には、根拠が書かれていないので、根拠を付け加えて要旨をまとめます。

> 昔の人生は趣味だったのに、いまは人生が事務に変わってきているような気がしてならない。
>
> 昔の人生→趣味機器と共にあった
> いまは人生→手にしているのはデジタル系の機器がほとんど

例題❷の答え 例趣味機器と共にあった昔の人生は趣味だったが、いまはデジタル系の事務機器ばかりなので、人生も事務に変わってきているような気がしてならない。

練習問題

次の文章を読んで、問題に答えましょう。

答えは別冊10ページ

1 人間の脳は、一生学習を続けている。その結果、次第により多くのことを学び、理解し、新しいものを創造したりできるようになる。学ぶことで、記憶の量や、結び付きの多様さ、操作の豊かさが次第に増大する。次第に「高み」へと至るという意味では、学ぶことは「登山」に似ている。

2 「登山」の仕方には、典型的（代表となるような）なものもあれば、非典型的なものもある。登攀ルート（よじ登っていく道筋）が異なる。登るときの方法が違う。学校の教育法は、そこに投入される社会的資源（社会サービスを支えるための物資や労働力）の制約などから、典型的な子どもに照準（ねらいを定めること）を合わせている。その中ですくすくと育っていくのはいわゆる「優等生」。しかし、落ちこぼれてしまうような「劣等生」でも、学習していないというわけではない。学習法が典型的ではないというだけのことである。

3 人類の歴史を振り返れば、非典型的な脳の持ち主の中に、興味深い可能性が見いだされてきた。アルベルト・アインシュ（物理学者（一八七九〜一九五五）。二十世紀最大の物

---

1 次の各文は、1〜5段落のどれかの要点です。それぞれ何段落の要点か、段落番号で答えましょう。

A 非典型的な脳の持ち主の中に潜む素晴らしい原石を光らせるには、周囲の理解と愛情が不可欠である。

B 人間の脳は、一生学び続けることで、「登山」のように「高み」へと至る。

C 学校の教育法は、典型的な子どもに照準を合わせているので、学習法が典型的ではない子どもには適していない。

A（　　）　B（　　）　C（　　）

要点の言葉がどの段落にあるかを見つけよう。例えばBの「登山」は、1と2の段落にだけ出てくる。

2 この文章が話題にしているのは次のどれですか。次から一つ選びましょう。

ア アインシュタインは非典型的な脳の持ち主であったこと。

イ 典型的な子どもに照準を合わせている学校教育の限界。

ウ 脳の学習と「登山」との共通点と相違点。

エ 非典型的な脳を持つ人の中にある原石を光らせること。

（　　）

3 この文章の要旨を文章中の言葉を使ってまとめましょう。

タイン（理学者ともよばれる）は、五歳になるまで殆ど言葉を喋らなかったという。今日の基準から言えば「学習障害」だったのではないかと推定される。そのアインシュタインが、長じて（成長して）、「相対性理論」（物理学の基礎理論）によって人類の認識の革命を起こしたのである。

4 非典型的な脳の持ち主の中に潜む素晴らしい原石。もっとも、その原石は、周囲の理解と愛情がなければ、なかなか光らない。学校などの社会制度は、典型的な脳に合わせて作られている側面がある。非典型的な脳は、その成育の過程でどうしても周囲とさまざまな摩擦を起こす傾向がある。その摩擦を、非典型的な脳を非難するきっかけにするのは最悪である。「みんなちがって、みんないい」という金子みすゞ（詩人（一九〇三～一九三〇）。純粋な詩や童謡で有名）の精神を実践（実際に行動すること）できるか。理解されずに光らないままでいる原石は、社会のさまざまな場所に潜んでいるはずだ。

5 非典型的な脳ほど、その本質を理解する上では、常識にとらわれない大胆な発想と、異質なものを思い描く想像力が必要となる。多くの場合、本当に試されているのは非典型的な脳の持ち主その人ではなく、それに向き合っている周囲の方なのである。

〈茂木健一郎「挑戦する脳」による〉

5段落の内容を、何のために何が必要となるかという観点でまとめよう。

ヒント

読解のポイント

「非典型的な脳」の可能性について書かれた文章です。1・2段落－3段落－4段落－5段落）という構成になっています。

背景にある筆者の考え

非典型的な脳の持ち主の中には、興味深い可能性が見いだされてきた。そうした素晴らしい原石は、なかなか理解されないが、社会のさまざまな場所に潜んでいるはずだ。

まとめのテスト

勉強した日　月　日

答えは別冊10ページ

得点　/100点

次の文章を読んで、問題に答えましょう。

（小学生の子を持つ母親から、「学校給食で給食費を払っているのに、食べ終えた後に『ごちそうさまでした』とお礼を言うのはおかしい」という投書があった。）

1 この投書者の意見には、二つの問題がある。一つは、「ごちそうさまでした」という言葉にこめられた意味について全く理解していないという問題。[A]、家庭で家族が食事をする場合、料理をした母親も食べ終えたら、同じように「ごちそうさまでした」と言うのは、この言葉は料理を作った人への感謝のためだけではないからだ。食物を育んでくれた太陽や大地や雨や様々なものに対する感謝の気持ちの表現なのだ。

2 人間として生きるうえでの、そういう根源的な謙虚さがまるで念頭に浮かばないのは、文化の断絶があるからだろう。その決定的な原因は、おそらく[*1]核家族化にあると私はとらえている。

（中略）

3 もう一つの問題は、何事につけ物事を金銭的な価値で評価する発想が、多くの人々の頭の中に染みつくようになったということ。その対極にある心の領域の価値の重さがわからなくなっている。これも高度成長期頃から[*2]顕著な時代傾向になり、その世代の子どもの世代になると、決定的な時代傾向となっている。ちなみに、今、十代から二十代前半くらいの若者に対するあるアンケートで、一番欲しいものは何かという問いに対する回答の第一位は「お金」。理由は、「お金があれば何でもできるから」というわけだ。

4 戦後の食糧難の時代には、日本人の子どもたちの中に栄養失調状態の子や栄養失調とは言えないまでも蛋白質や脂肪やビタミン類の摂取量が少なく栄養バランスが著しく偏った子が多かったことから、政府はアメリカが提供した脱脂粉乳を学校での昼食時に給食として出した。[B]、その後日本の食糧事情が改善され、アメリカの食糧提供もなくなったので、給食の目的は子どもたちが同じメニューを一緒に食べ、配膳などの作業も子どもたち自身でやるという、[*3]食育的ねらいを持つものになった。だが、親たちの多くは、給食を弁当を作る手間を省いてくれるものという受け止め方をしている。ファミレスで食事をさせている感覚だ。給食費を払っているのだから「ごちそうさまでした」と言う必要はないという意見が出てくるのも、自然の成りゆきと言えるだろう。

5 「家族文化の断絶」と何事につけお金に結びつけて考える心の持ち方とが〝二重奏〟を奏でるようになった結果、何がもたらされたかと言えば、感性の衰退だ。

〈柳田邦男「『気づき』の力　生き方を変え、国を変える」による〉

（注）＊1核家族化…夫婦とその子どもからなる家族が増えていくこと。
＊2顕著…目立ってはっきりしている様子。
＊3食育…広い視野から、食について教育すること。

1 [ ]A・Bに当てはまる言葉を次からそれぞれ選び、記号で答えなさい。 8点×2（16点）

A　ア 例えば　イ だが　ウ そして　エ だから

B　ア また　イ すると　ウ つまり　エ しかし

A（　　）　B（　　）

2 そういう根源的な謙虚さとは、どのようにすることを指していますか。 （20点）

（　　　　　　）

3 [3]段落の要点を次のようにまとめました。[ ]に当てはまる言葉を指示された字数でぬき出し、それぞれ初めと終わりの四字を答えなさい。 16点×2（32点）

もう一つの問題は、人々が、[Ⅰ（十四字）]ようになり、[Ⅱ（二十一字）]ことであり、それが今、決定的な時代傾向となってしまっている。

Ⅰ [ ]～[ ]

Ⅱ [ ]～[ ]

4 二つの問題を具体的に言い表した語句を三十一字でぬき出し、その初めと終わりの三字を答えなさい。 （16点）

[ ]～[ ]

5 筆者はこの投書者に代表される現代の人々に欠けているものは何だといっていますか。文章中から二字でぬき出しなさい。 （16点）

[ ]

プラスワン 段落ごとに要点をとらえよう！

説明文や論説文を読むときは、段落ごとに中心文を見つけて、話題と文章全体の大まかな流れとをつかむことが大切です。この文章では、投書に対して二つの問題点を挙げ、それを検証して、そこからもたらされたものは「感性の衰退」だと述べています。

かんたんチェック

特集 「考える」「知る」などに関係する言葉

考える

□価値観▼何にどのような価値を認めるかという基準になる考え。

□見解▼ある物事についてのその人の考え。

□固定観念▼別の考えを受け入れられないほど強く思いこんでいる考え。

□思想▼社会や人生についての、深みとまとまりのある考え。

□主義▼自分が守る、考え方や行動の方針。

□通念▼一般にこうだと思われている考え。

□偏見▼偏ったものの見方、考え方。

□解釈する▼物事や言葉の意味を解き明かしたり、考えたりする。

□検討する▼物事をいろいろな角度から考え、そのよしあしを判断する。

□考察する▼いろいろな角度から調べ、考える。

□思考する▼頭の中で考える。

□推測する▼知らないことがらについて筋道を立てて、推し量ること。

□分析する▼物事を細かく分け、その性質や要素などをはっきりさせること。

問題 当てはまる意味を線でつなぎましょう。

①鑑みる・　・ア 過去のことを考える。

②省みる・　・イ 何か手本になるものとあわせて、考える。

③顧みる・　・ウ 自分の行いをふり返り、善悪を考える。

知る

□会得する▼理解してすっかり自分のものにする。

□識別する▼物事の種類や性質を見分ける。

□受容する▼受け入れる。

□追体験する▼他人の体験を知り、自分のものとして実感する。

□洞察する▼物事をよく観察し、その本質を見ぬく。

□認識する▼物事をよく知り、見極める。

□認知する▼あるものの存在を認める。

□把握する▼物事の内容・事情などをしっかりと理解する。

□理解する▼物事の筋道やわけがわかる。

心と行動

□共鳴する▼同感する。（比喩的な表現）

□極論する▼意見をはっきりさせるために内容や例を極端にする。

□示唆する▼それとなく示す。

□是認する▼よいとして認める。

□提起する▼議論するものとして、取り上げる。

□批判する▼物事の価値を判定し、論じること。否定的な評価の場合が多い。

問題 当てはまる意味を線でつなぎましょう。

④鑑賞する・　・ア 一定の基準にしたがって評価し、その内容を述べる。

⑤批評する・　・イ 複数の物を比べて、そのちがいや特徴を明らかにする。

⑥対比する・　・ウ 芸術作品などを味わう。

〈答え〉①イ ②ウ ③ア ④ウ ⑤ア ⑥イ

3

詩・短歌・俳句

詩のポイント（用語と形式）

- 文語詩と口語詩
- 定型詩と自由詩

詩でよく使われる表現技法

直喩、隠喩、擬人法、倒置、体言止め

表現技法を表現する？

詩ではいろんな表現技法が使われるよね。

人でないものを人のように表すのが擬人法。
そうそう
こう？
ワン！

言葉の順序を入れかえるのが倒置。
そうそう
こう？

体言で終わるのが体言止め。
ほれ、やってごらん
もうネタ切れ

勉強した日　月　日

17 詩の種類と表現を学ぼう

詩の特徴

詩の大きな特徴は、リズムがあること。リズムがある文章（詩・短歌・俳句など）のことを韻文というよ。

例題 次の詩を読んで、問題に答えましょう。

雲が通る　木村信子

第一連
雲が通る
いいお天気ですねといって通る
友達みたいな顔して通る

第二連
雲が通る
わたしみたいにまるっこい形して
ふわふわしあわせそうに通る

第三連
雲が通る
遠くへ旅に行くらしいのに
散歩みたいに気軽に通る

例題1 この詩の種類は何ですか。一つずつ選びましょう。

①
ア　文語詩
イ　口語詩

②
ア　定型詩
イ　自由詩

例題2 ①…1・4・7行目と、②…2・3・6・9行目で使われている表現技法を、次から一つずつ選びましょう。

①
ア　体言止め
イ　倒置
ウ　反復

②
ア　隠喩
イ　擬人法
ウ　体言止め

要点 1 詩の種類

- 文語詩…昔の書き言葉（文語）で書かれている詩。
- 口語詩…現代の言葉（口語）で書かれている詩。
- 定型詩…音数や行数に一定のきまりがある詩。
- 自由詩…音数や行数にきまりのない詩。

❶ どんな言葉が使われているかに注意します。

- 2行目「いいお天気ですねといって通る」
- 5行目「わたしみたいにまるっこい形して」

現代の言葉（口語）で書かれている。＝口語詩

❷ 連ごとに各行の音数を数えます。

- 第一連…六音・十六音・十五音
- 第二連…六音・十七音・十四音
- 第三連…六音・十四音・十四音

音数に特にきまりはない。＝自由詩

最初の行は同じだから、2行目からを比べよう！

例題❶の答え　①イ　②イ

2 詩の表現技法

❶ 比喩（ひゆ）…あるものを他のものにたとえて表現する。

直喩（ちょくゆ）	「ようだ」などの言葉を使ってたとえる。
隠喩	「ようだ」などの言葉を使わずにたとえる。
擬人法	人でないものを人であるかのように表現する。

❷ そのほかの表現技法

体言止め	文や句を体言（名詞）で終えて、余韻（よいん）を残す。
倒置	ふつうとは語順を入れかえて、強調する。
反復	同じ言葉をくり返して、リズムを生む。
対句（ついく）	組み立ての似た語句を並べて、強調する。

▼例題では…

- 1・4・7行目「雲が通る」

同じ言葉がくり返されている＝反復

- 2・3・6・9行目

雲が人間のように表現されている＝擬人法

例題❷の答え　①ウ　②イ

練習問題

1 次の詩を読んで、問題に答えましょう。

➡答えは別冊11ページ

ミミコの独立　　山之口貘（やまのくちばく）

とうちゃんの下駄（げた）なんか
はくんじゃないぞ
ぼくはその場を見て言ったが
とうちゃんのなんか
はかないよ
とうちゃんのかんこ＊1をかりてって
①ミミコのかんこ
はくんだ　と言うのだ
こんな理窟（りくつ）＊2をこねてみせながら
ミミコは小さなそのあんよで
②まな板みたいな下駄をひきずって行った
土間では片隅（かたすみ）の
かます＊3の上に
赤い鼻緒（はなお）の
③赤いかんこが
かぼちゃと並んで待っていた

（注）＊1かんこ…下駄　＊2理窟…理屈（りくつ）
＊3かます…わらなどを編んで作った袋

1 ミミコが言った言葉が書かれているのは、何行目から何行目までですか。数字で答えましょう。

（　　）行目から（　　）行目まで

2 ①ミミコのかんこ　とは、どのような「かんこ」ですか。詩の中の言葉を使って書きましょう。

（　　　　）

ヒント　「とうちゃんのかんこ」を借りて取りに行ったのが、自分のかんこだよ。

3 ②まな板みたいな　と、③赤いかんこが／かぼちゃと並んで待っていた　の部分で用いられている表現技法を、次から一つずつ選びましょう。

ア　直喩（ちょくゆ）　イ　隠喩（いんゆ）
ウ　擬人法（ぎじんほう）

②（　　）　③（　　）

4 この詩で表現されていることを次から一つ選びましょう。

ア　自分の持ち物を娘（むすめ）に使われるのをいやがる父の繊細（せんさい）さ。
イ　少しずつ成長していく娘を温かく見守る父の愛情。
ウ　言うことをきかない娘をもてあましている父のいらだち。

（　　）

2 次の詩を読んで、問題に答えましょう。

山のあなた*1

カアル・ブッセ
上田敏 訳

山のあなたの空遠く
「幸」住むと人のいふ。
噫、われひとと尋め*2ゆきて、
涙さしぐみ*3かへりきぬ。
山のあなたになほ遠く
「幸」住むと人のいふ。

（注）＊1 あなた…かなた　＊2 尋めゆきて…尋ね求めていって
＊3 涙さしぐみ…涙ぐみ

1 この詩の種類を次から一つ選びましょう。

ア 文語定型詩　イ 文語自由詩
ウ 口語定型詩　エ 口語自由詩

（　　）

「山のあなたの／空遠く」は、七音／五音になっている。他の行の字数も数えてみよう。

ヒント

2 この詩で使われている表現技法を次から一つ選びましょう。

ア 直喩　イ 反復
ウ 倒置　エ 体言止め

（　　）

3 「われ」が「ひと」といっしょに尋ね求めていったものは何ですか。詩の中の言葉で答えましょう。

（　　）

4 この詩で表現されていることを次から一つ選びましょう。

ア 山のかなたに住んでいる人にどうしても会いたいものだ。
イ 空のきれいな、はるか遠くの山に住んでみたいものだ。
ウ 幸福は見つけにくいが、求めずにはいられないものだ。

（　　）

鑑賞のポイント

作品
・「山のあなた」は、七音と五音がくり返され、心地よいリズムが感じられる詩です。
・2・6行目の「人」は一般の人、3行目の「ひと」は親しい人を表しています。漢字と平仮名を使い分けて表現していますね。

18 短歌のきまりと表現を学ぼう

短歌の特徴

「短歌」は、三十一音からなる詩。三十一音だから、「三十一文字（みそひともじ）」ともいうんだって。

例題 次の短歌を読んで、問題に答えましょう。

牡丹花は咲き定まりて静かなり
花の占めたる位置のたしかさ
　　木下利玄

例題1 この短歌は何句切れですか。

要点1 短歌の特徴

短歌は五・七・五・七・七が定型です。

❶短歌は、五・七・五・七・七の五句三十一音から成ります。音数が多いと字余り、少ないと字足らずといいます。

例 牡丹花は（初句 五音）　咲き定まりて（第二句 七音）　静かなり（第三句 五音）［上の句］
花の占めたる（第四句 七音）　位置のたしかさ（結句 七音）［下の句］

❷意味や調子の切れ目を句切れといいます。
・初句切れ　五／七五七七　・二句切れ　五七／五七七
・三句切れ　五七五／七七　・四句切れ　五七五七／七
・句切れなし　五七五七七

❸短歌でも、詩と同じように表現技法が用いられます。

▼例題では、三句の「静かなり」で、意味が切れます。

例題1の答え　三句切れ

勉強した日　月　日

練習問題

＊次の短歌を読んで、問題に答えましょう。

⬇答えは別冊11ページ

A　いちはつの花咲きいでて我目には
今年ばかりの春行かんとす
正岡子規

B　何がなしに
息きれるまで駆け出してみたくなりたり
草原などを
石川啄木

C　向日葵は金の油を身に浴びて
ゆらりと高し日のちひささよ
前田夕暮

D　思い出の一つのようでそのままに
しておく麦わら帽子のへこみ
俵万智

1　A〜Dの短歌の中で、字余りになるものはどれですか。二つ選んで、記号で答えましょう。
（　　）（　　）

2　A・Cの短歌は何句切れですか。次から一つずつ選びましょう。
ア　初句切れ　イ　二句切れ　ウ　三句切れ
エ　四句切れ　オ　句切れなし
A（　　）　C（　　）

3　B・Dの短歌で使われている表現技法を、次から一つずつ選びましょう。
ア　擬人法　イ　倒置　ウ　体言止め
B（　　）　D（　　）

4　Cの短歌の「金の油」は何をたとえていますか。次から一つ選びましょう。
ア　花粉　イ　日光　ウ　雨水
（　　）

5　A〜Dの短歌の鑑賞文として適切なものを、次から一つずつ選びましょう。
ア　青春期の不安定な心情をおさえきれなくなっている。
イ　過ぎ去ったばかりの夏をいとおしく感じている。
ウ　死を予感して、二度と経験できない季節を惜しんでいる。
エ　太陽が小さく見えるくらいに大きな花がさいている。
A（　　）　B（　　）　C（　　）　D（　　）

ヒント　A「今年ばかりの春」、D「麦わら帽子のへこみ」に着目しよう。

19 俳句のきまりと表現を学ぼう

俳句の特徴

五・七・五はリズムがよいから、交通標語にも使われているよ。「飛び出すな車は急に止まれない」とかね。

例題 次の俳句を読んで、問題に答えましょう。

A 荒海や佐渡によこたふ(う)天河　　松尾芭蕉

B 赤い椿白い椿と落ちにけり　　河東碧梧桐

例題1 A・Bの俳句の、季語と季節、切れ字を答えましょう。

A 季語　　季節

切れ字

B 季語　　季節

切れ字

要点1 俳句の特徴

俳句は五・七・五が定型です。

❶俳句は、五・七・五の三句十七音から成ります。

例 荒海や（初句 五音／上の句（上五））　佐渡によこたふ（第二句 七音／中の句（中七））　天河（第三句 五音／下の句（下五））

❷季語（季節を表す言葉）を一つの俳句に一つ詠みこみます。

❸「や・かな・けり」などを切れ字といい、意味や調子の切れ目を示し、感動を表します。

❹季語を詠みこまない俳句を無季、三句十七音の定型にとらわれない俳句を自由律といいます。

A 荒海(や)［切れ字］ 佐渡によこたふ 天河［季語＝秋］

B 赤い椿［季語＝春］ 白い椿と 落ちに(けり)［切れ字］

季語は旧暦にしたがっているよ。

例題1の答え

A 天河・秋・や　B 椿・春・けり

練習問題

✲ 次の俳句を読んで、問題に答えましょう。

➡答えは別冊12ページ

A 柿くへば鐘が鳴るなり法隆寺　正岡子規

B 遠山に日の当りたる枯野かな　高浜虚子

C こんなよい月を一人で見て寝る　尾崎放哉

1 A・Bの俳句の、①季語と、②季節を書きましょう。

A ①（　　） ②（　　）

B ①（　　） ②（　　）

2 A〜Cの俳句の中から、自由律俳句を一つ選び、記号で答えましょう。（　　）

3 Bの俳句の中から、切れ字をぬき出しましょう。（　　）

4 A〜Cの俳句の中から、体言止めが用いられている句を一つ選び、記号で答えましょう。（　　）

5 A〜Cの俳句の鑑賞文として適切なものを、次から一つずつ選びましょう。

ア 草木の枯れた野原と、遠くに見える明るく照らし出された山とが、明暗対照的に描かれている。

イ 美しいものを独占して見ていることの満足感と孤独感が感じられる。

ウ 古い寺のそばでくつろぎながら、季節の訪れをしみじみと感じている。

A（　　） B（　　） C（　　）

Cは、「よい月を一人で見て寝る」ときの気持ちを想像しよう。

まとめのテスト

勉強した日　月　日

得点　/100点

⬇答えは別冊12ページ

1 次の詩を読んで、問題に答えましょう。

水ぬるむ

高階杞一（たかしなきいち）

春がきて
凍（こお）っていた顔もとけてきた
①チューリップのように並んだ笑顔（えがお）
世界には
まだまだいっぱい素晴（すば）らしいことがある
と
それは
教えてくれているようで

　　よかったね
　　生きていて

まだ風は冷たいけれど
春の服を着て
出かけてみよう

②蛇口（じゃぐち）は胸の中にある
ひねれば
きっと
昨日とは違（ちが）う水が出る

1 この詩の形式を次から一つ選び、記号で答えなさい。（10点）

ア 口語自由詩　**イ** 口語定型詩
ウ 文語自由詩　**エ** 文語定型詩

（　　）

2 ①チューリップのように並んだ笑顔 で使われている表現技法を次から二つ選び、記号で答えなさい。10点×2（20点）

ア 直喩（ちょくゆ）　**イ** 隠喩（いんゆ）
ウ 体言止め　**エ** 倒置（とうち）

（　　）（　　）

3 ②蛇口は胸の中にある／ひねれば／きっと／昨日とは違（ちが）う水が出る とありますが、作者はここでどういうことを言おうとしていますか。次から一つ選び、記号で答えなさい。（10点）

ア 心の中には、人に知られたくない秘密（ひみつ）がたくさんあるということ。
イ 心の中から、これからの日々への希望が満ちあふれてくるということ。
ウ 心の中で悩（なや）んでいたことを口に出せば、気持ちがすっきりするということ。

（　　）

2 次の短歌を読んで、問題に答えましょう。

A 海底に眼のなき魚の棲むといふ
眼のなき魚の恋しかりけり　若山牧水

B 噴水が輝きながら立ちあがる
見よ天を指す光の束を　佐佐木幸綱

C たとへ(え)ば君　ガサッと落葉すくふ(う)やう(よう)に
私をさらつ(っ)て行つ(っ)てはくれぬか　河野裕子

1 Aの短歌で用いられている表現技法として当てはまるものを次から一つ選び、記号で答えなさい。(10点)

ア 直喩　**イ** 擬人法
ウ 倒置　**エ** 反復

（　　）

2 次の鑑賞文に当てはまる短歌をA～Cの中から一つずつ選び、記号で答えなさい。10点×2(20点)

① 擬声語と直喩を効果的に用いて、心の奥の願望を率直に表現している。（　　）

② 隠喩と倒置を用いて、一瞬の動きを新鮮さと躍動感をもってえがき出している。（　　）

3 次の俳句を読んで、問題に答えましょう。

A ＊金剛の露ひとつぶや石の上　川端茅舎

B 星空へ店より林檎あふれをり(お)　橋本多佳子

(注) ＊金剛…ダイヤモンド。

1 A・Bの俳句の季語に共通する季節を答えなさい。(10点)

（　　）

2 Aの俳句の切れ字をぬき出しなさい。(10点)

（　　）

3 次の鑑賞文はA・Bの俳句のどちらのものですか。記号で答えなさい。(10点)

町角で見かけた風景を、空間的に大きな広がりをもってえがいている。

（　　）

プラスワン　五音と七音のリズム

五音と七音のリズムは、短歌や俳句だけでなく、童謡の歌詞にも使われています。「夕焼小焼」「海」などがそうです。

特集 かんたんチェック

覚えておきたい季語

	新年	春（旧暦1〜3月 新暦2〜4月）	夏（旧暦4〜6月 新暦5〜7月）	秋（旧暦7〜9月 新暦8〜10月）	冬（旧暦10〜12月 新暦11〜1月）
時候	新年 去年 今年 旧年 元旦 松の内	立春 余寒 春寒 啓蟄 彼岸 暖か 花冷え 日永 八十八夜 行春 夏近し	麦の秋 皐月 入梅 梅雨寒 土用 暑し 涼し 秋近し	残暑 秋めく 新涼 仲秋 夜長 さわやか 夜寒 肌寒 秋深し 行秋	小春 師走 年の暮 行年 大晦日 年越 除夜 大寒 凍る 春近し 節分
天文・地理	初日 初空 初凪 初富士 初景色 若菜野	朧月 東風 春一番 風光る 菜種梅雨 山笑う 水温む 残雪 雪解 霞 花曇 陽炎 逃水 流氷	雲の峰 南風 薫風 梅雨 五月雨 夕立 虹 雷 夕焼 日陰 青田 清水 五月晴	鰯雲 月 名月 天の川 野分 台風 稲妻 霧 露 刈田	凩 北風 時雨 霜 霙 雪 風花 山眠る 枯野 氷 氷柱 狐火
動物	初鶏 初雀 初鴉	鶯 雲雀 燕 雀の子 蛙 白魚 若鮎 浅蜊 蝶 蜂 囀り	雨蛙 時鳥 燕の子 鮎 金魚 目高 初鰹 鰻 毛虫 蛍 甲虫 蟻 蚊 （③　）	鹿 啄木鳥 雁 秋刀魚 鮭 鰯 蜩 蜻蛉 虫の音 松虫 蓑虫 蟷螂 馬肥ゆる 燕帰る	熊 狐 狸 寒雀 水鳥 鴨 白鳥 鰤 鮟鱇 冬蜂
植物	楪 福寿草 若菜 なずな	梅 花 桜 椿 山吹 桃の花 柳 竹の秋 菜の花 若草 蒲公英 （②　）	葉桜 牡丹 薔薇 紫陽花 さくらんぼ 若葉 青葉 万緑 向日葵 百合 苺 トマト 麦	桃 梨 林檎 葡萄 紅葉 桐一葉 団栗 銀杏 竹の春 菊 芋 萩 芒 （④　）	寒椿 山茶花 蜜柑 木の葉 落葉 枯葉 枯木 水仙 白菜 大根 麦の芽
生活・行事	雑煮 賀状 書初 独楽 初夢 初詣 （①　）	春眠 卒業 入学 遠足 麦踏 種蒔 挿木 茶摘 花見 朝寝 雛祭 御水取	更衣 浴衣 冷麦 噴水 蚊帳 団扇 風鈴 麦藁帽子 田植 プール 海水浴 帰省 汗 端午 祭	新米 冬支度 案山子 稲刈 夜なべ 月見 紅葉狩 七夕 盆	餅 セーター 焚火 ストーブ 雪見 風邪 咳 七五三 クリスマス （⑤　）

問題　上の表の（　）には、次のどの季語が入りますか。当てはまる記号を（　）に書きましょう。

ア　炬燵

イ　門松

ウ　蝉

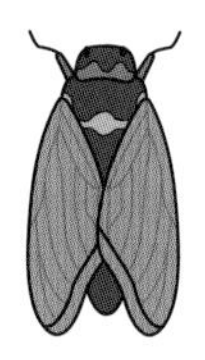

エ　栗

オ　土筆

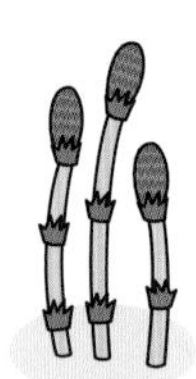

〈答え〉　①イ　②オ　③ウ　④エ　⑤ア

4 古文・漢文

古文のポイント

- 歴史的仮名遣い
- 古語の意味
- 古文の表現

漢文のポイント

- 返り点の読み方
- 漢詩の形式と表現技法

言葉を補うと…?

古文を読んでも だれが何をしたのか、わからないんだよね…。

主語や助詞の省略が多いからね。

古文を読むときには「だれが」「何を」などを補って読むといいんだって。

そうか…。言葉を補うのかあ。あ、ケーキの箱を持ってる!
おーい
Cake

そのケーキは「あなたが」「私に」「プレゼントするために」持ってきたの?
え!?
Cake
補いすぎ…。

20 古文の言葉を知ろう

歴史的仮名遣い・古語の意味

古文で使われる「歴史的仮名遣い」は、平安時代中ごろ以前の表記がもとになっているんだよ。

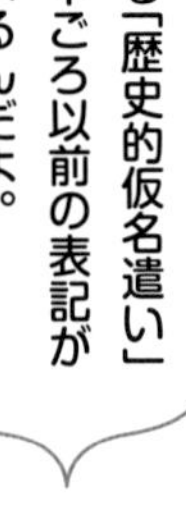

例題 次の文章を読んで、問題に答えなさい。

春はあけぼの。ᴬやうやう白くなりゆく山際(やまぎは)、少し
　　　　　　　だんだん　白っぽくなっていく山際の空が
明かりて、紫(むらさき)だちたる雲の細くたなびきたる。
明るくなって　紫がかった　雲が　たなびいている(のがよい)
夏は夜。月のころは①さらなり、闇(やみ)もᴮなほ、蛍(ほたる)の
　　　　月の出ているころは　　　闇もやはり(よい)　蛍が
多く飛びちがひたる。また、ただ一つ二つなど、ほの
たくさん飛び交っている(のがよい)
かにうち光りて行くも②をかし。雨など降るもをかし。
光りながら飛んでいくのも　　　雨などが降るのも

〈「枕草子(まくらのそうし)」による〉

例題 1 〜〜A・Bを現代仮名遣い(づか)(かな)に直しましょう。

A　やうやう

B　なほ

例題 2 ──①・②を現代語に直しましょう。

①　さらなり

②　をかし

勉強した日　月　日

1 歴史的仮名遣い

要点

・古文で使われる「歴史的仮名遣い」は、次のように現代仮名遣いに直します。

歴史的仮名遣い	現代仮名遣い	例
(頭語・助詞以外の) は・ひ・ふ・へ・ほ	わ・い・う・え・お	あはれ→あわれ
ぢ・づ	じ・ず	ふぢ→ふじ(藤)
ゐ・ゑ・を	い・え・お	こゑ→こえ(声)
くわ・ぐわ	か・が	くわし→かし(菓子)
アウ(アフ)の音	オウの音	かうし→こうし(格子)
イウ(イフ)の音	ユウの音	ちう→ちゅう(中)
エウ(エフ)の音	ヨウの音	けふ→きょう(今日)

▼右の表にしたがって、書き直しましょう。

やうやう (「アウ」の音を「オウ」の音に直す) → ようよう

なほ (「ほ」を「お」に直す) → なお

例題1の答え　Aようよう　Bなお

2 古語の意味

● 古語の中には、「現代では使われない言葉」「現代語と意味のちがう言葉」があります。

❶現代では使われない言葉

例
- いと…………意 とても。たいそう。
- やうやう……意 だんだん。しだいに。

❷現代語と意味のちがう言葉

例
- なほ…………意 まだ。やはり。
- あはれ………意 しみじみとした趣(おもむき)がある。
- うつくし……意 かわいらしい。
- 心もとなし……意 じれったい。

さらなり…意 言うまでもない。
をかし　…意 趣がある。興味がひかれる。

例題2の答え　①言うまでもない　②趣がある

練習問題

1 次の文章を読んで、問題に答えましょう。

➡答えは別冊13ページ

（筆者は、船旅をしているところである。数日前から、大湊（おおみなと）という場所に停泊（ていはく）しており、なかなか出港できずにいる。）

二日。①なほ大湊に泊（とま）れり。講師（かうじ）、もの、酒、おこせたり。
（二月）二日。　寺の住職が食べ物や酒をおくってよこす

三日。おなじところなり。もし風波（かぜなみ）のしばしと惜ⓐ（を）しむ
同じところにいる　もしかして風や波が「もうしばらく（いてほしい）」と

心やあらむ。②心もとなし。（中略）
名残（なごり）を惜しむ心があるのか

五日。風波やまねば、③なほ同じ所にあり。人々たえず
人々がたえず

とぶらひにく。
訪（たず）ねてくる

六日。ⓑきのふのごとし。

〈「土佐日記（とさにっき）」による〉

1 ⓐ・ⓑを現代仮名遣（かなづか）いに直し、すべて平仮名で書きましょう。

ⓐ（　　　　）　ⓑ（　　　　）

2 ①なほ大湊に泊れり。の意味を次から一つ選びましょう。

ア　必ず大湊に泊まるだろう。
イ　さらに大湊に泊まりたい。
ウ　まだ大湊に泊まっている。

（　　）

「なほ」の意味に注意しよう。

3 ②心もとなし。の意味を次から一つ選びましょう。

ア　じれったい　イ　心配だ　ウ　たよりない

（　　）

「心もとなし」は、現代語とは少し意味がちがうので注意しよう。

4 ③なほ同じ所にあり。とありますが、なぜ出港できないのですか。古文の中からぬき出しましょう。

[　　　] がやまないから。

2 次の文章を読んで、問題に答えましょう。

富士の山はこの国なり。わがⓐ生ひ出(お い)でし国にては西面(にしおもて)
（富士山はこの（駿河(するが)の）国にある　私が生まれ育った国では　西の方）

に見えし山なり。①その山のさま、いと世に見えぬさまなり。
（に見えた山である　様子は　世に類を見ない様子である）

さまことなる山の姿の、紺青(こんじやう)を塗(ぬ)りたるⓑやうなるに、
（他とは様子がちがう山の姿は　紺青色を塗ったようなところに）

雪の消ゆる世もなくつもりたれば、色濃(こ)き衣(きぬ)に、②白き衵(あこめ)*
（雪が消えるときなく積もっているので　白いあこめを）

着たらむやうに見えて、山の頂の少し平(たひ)らぎたるより、煙(けぶり)
（着たように　平らになった所から）

は立ち上る。夕暮(ゆふぐれ)は火の燃え立つも見ゆ。
（夕暮れ時には）

〈「更級日記(さらしなにっき)」による〉

（注）＊衵…童女の衣服の一種。

---

1 〰ⓐ・ⓑを現代仮名遣いに直し、すべて平仮名で書きましょう。

ⓐ（　　　）　ⓑ（　　　）

2 ①その山のさま、いと世に見えぬさまなり。の中から「とても」という意味をもつ言葉を二字でぬき出しましょう。

3 ②白き衵着たらむやうにとありますが、「白き衵」のように見えるものとは何ですか。古文の中から一字でぬき出しましょう。

読解のポイント

作品 1の「土佐日記」は、紀貫之(きのつらゆき)という男性が、女性のふりをして書いた日記です。土佐(とさ)から京都(きょうと)へ帰るまでの旅がえがかれています。「二日」「三日」などとあるのは、日記の日付です。

21 古文の表現を知ろう

省略・係り結び　など

「知る人ぞ知る」「好きこそ物の上手なれ」。係り結びがある言い回しは、今でも使われているものもあるんだね。

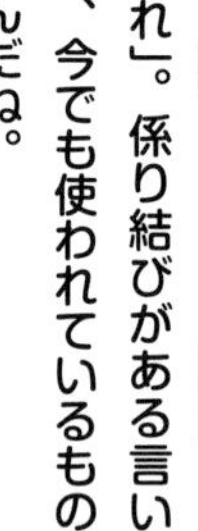
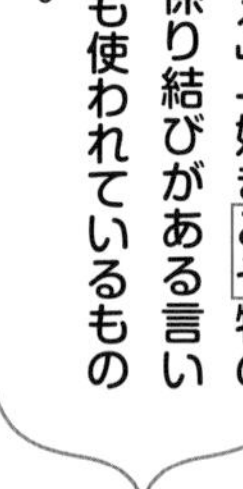

例題　次の文章を読んで、問題に答えなさい。

（与一は、舟の上に立てられた扇の的を弓で射ることになった。）

与一、かぶらを取つてつがひ、よつぴいてひやうど
（かぶら矢を取って弓にあてがい　引きしぼって　ひゅうと）
放つ。小兵といふぢやう、十二束三伏、弓は強し、
（小兵とはいいながら　（矢は）十二束三伏（と長く））
浦響くほど長鳴りして、あやまたず扇の要ぎは一寸ばか
（浦一帯に響くほど長くうなりを立てて　誤りなく　一寸ほどはな）
りおいて、ひいふつとぞ射切つたる。かぶらは海へ
（れたところを　ひいふっと　射切った　かぶら矢は海の中に）
入りければ、扇は空へぞ上がりける。しばしは虚空
（落ちていったが　しばらくは空中にひ）
にひらめきけるが、春風に一もみ二もみもまれて、
（らめいていたが）
海へさつとぞ散つたりける。

〈「平家物語」による〉

例題1　～～A・Bは、それぞれだれ（何）の動作ですか。

A　放つ

B　ひらめきける

例題2　——のような、文中の助詞によって文末の活用形が変わるきまりをなんといいますか。

勉強した日　月　日

1 古文特有の表現

❶ 古文では、助詞・主語が省略されることがよくあります。

・与一、（は）かぶらを取ってつがひ、……ひやうど放つ。（助詞が省略されている）

・扇は空へぞ上がりける。（扇は）しばしは虚空にひらめきける……（主語が省略されている）

❷ 古文特有の助詞・助動詞も覚えておきましょう。

❶ 主語を表す助詞「の」。

例 夕顔の白く見えて＝夕顔が白く見えて

❷ 助動詞「けり」「たり」。

	意味	例
けり	過去（～た。）	ありけり。 意 あった。
たり	完了（～た。） 存続（～ている。）	筒の中光りたり。 意 筒の中が光っている。

例題❶の答え　A 与一　B 扇

2 係り結び

要点

・「係り結び」とは、文中に係りの助詞（ぞ・なむ・や・か・こそ）があるとき、文末を決まった活用形で結ぶというきまりです。

● 係り結びの法則は、次のとおりです。

係りの助詞	結びの活用	意味	例
ぞ・なむ	連体形	強調	秋ぞ悲しき。 意 秋は悲しいものだ。
や・か	連体形	疑問 反語	あはれとや思ひけむ。 意 哀れだと思ったのだろうか。
こそ	已然形（古文独特の活用形）	強調	名こそ惜しけれ。 意 評判が惜しいことだ。

扇は空へ上がりけり。

← 係りの助詞「ぞ」を入れて強調！

扇は空へぞ上がりける。（連体形）

例題❷の答え　係り結び（の法則）

練習問題

1 次の文章を読んで、問題に答えましょう。

➡答えは別冊13ページ

（くらもちの皇子(みこ)は、かぐや姫(ひめ)との結婚(けっこん)の条件として蓬莱(ほうらい)の玉の枝を探すように言われた。皇子は蓬莱山を求めて、船旅に出た。）

船ⓐの行(ゆ)くにまかせて、海に漂(ただよ)ひて、五百日といふ（五百日目という日の）辰(たつ)ⓑの時ばかりに、海ⓒの中に、はつかに山見ゆ（かすかに山が見えた）。①船のかぢを□迫(せ)めて見る。海の上に漂へる山、いと大きにてあり（たいそう大きい様子である）。その山ⓓのさま（その山の様子は）、高くうるはし（高く立派である）。『②これや我(わ)が求むる山ならむ。』と思ひて（ア）、さすがに恐(おそ)ろしくおぼえて（イ）（そうはいってもやはり恐ろしく感じて）、山のめぐりを（山の周囲を）さしめぐらして（こぎ回って）、二、三日ばかり、見歩(ありく)くに（ウ）（様子を見回っていると）、天人のよそほひしたる女（天人の衣装(いしょう)をつけた女が）、山の中よりいで来て、銀(しろかね)の金鋺(かなまる)を持ちて、水をくみ歩く（エ）。

〈「竹取物語(たけとりものがたり)」による〉

1 〰〰ⓐ〜ⓓのうち、主語を表す「の」はどれですか。記号で答えましょう。

（　　）

2 ①船のかぢを□迫めて見る。の「見る」は連体形になっています。□に当てはまる係(かか)りの助詞を次から一つ選びましょう。

ア なむ
イ こそ

（　　）

3 ②これや我が求むる山ならむ。の意味として最も適切なものを次から一つ選びましょう。

ア これが私が探し求めていた山であるはずがない。
イ これが私が探し求めていた山なのだろうか。
ウ これが私が探し求めていた山なのだよ。

（　　）

文中に係りの助詞の「や」がある。「や」がふくまれた係り結びの文は、どんな意味を表すのか考えよう。

4 ‖ア〜エのうち、主語が他とちがうものはどれですか。記号で答えましょう。

（　　）

主語が省略されるときは、前の文と同じ主語であることが多いよ。

2 次の文章を読んで、問題に答えましょう。

今は昔、もろこしに、孔子（こうし）、道を行きたまふに、八（やつ）ばかりなる童（わらは）あひぬ。孔子に問ひ申（まう）すやう、「日の入（い）る所と＊洛陽（らくやう）と、いづれか遠き」と。孔子いらへたまふやう、「日の入る所は遠し。洛陽はちかし」。童の申すやう、「日の出（い）で入る所は見ゆ。洛陽はまだ見ず。されば日の出づる所は［A］、洛陽は［B］と思ふ」と申しければ、孔子、「かしこき童なり」と、感じたまひける。「孔子には、かく物問ひかくる人もなきに、かく問ひけるは、ただものにはあらぬなりけり」とぞ、人いひ［　］。

（現代語訳）
もろこしに：中国での話であるが
道を行きたまふに：お進みになっていると
八ばかりなる：八歳ほど
童あひぬ：会った
孔子に問ひ申すやう：（その童子が）孔子にたずね申し上げることには
日の入る所と：日の沈む場所と
いづれか遠き：どちらが遠いでしょうか
孔子いらへたまふやう：お答えになったことには
童の申すやう、「日の出で入る所は見ゆ：「日が昇（のぼ）ったり沈んだりする所は見える
洛陽はまだ見ず：洛陽はまだ見たことがない
されば：だから
と申しければ：と申し上げたので
かしこき童なり：かしこい童子である
感じたまひける：感心された
かく物問ひかくる人もなきに：このように物をたずねかける人も少ないのに
かく問ひけるは：このようにたずねたのは
ただものにはあらぬなりけり：ただものではないことだ
人いひ：人々は言った

（注）＊洛陽…中国の昔の都。

〈「宇治拾遺物語（うじしゅういものがたり）」による〉

1 「孔子、道を行きたまふに、八ばかりなる童あひぬ。」とありますが、この文に助詞を補うと、どうなりますか。

孔子［　　］、道を行きたまふに、八ばかりなる童［　　］あひぬ。

2 ［A］・［B］に当てはまる言葉を、孔子の言葉の中から抜き出しましょう。

A（　　　　）　B（　　　　）

3 ［　］に当てはまる言葉を次から一つ選びましょう。

ア けり（終止形）　**イ** ける（連体形）　**ウ** けれ（已然（いぜん）形）

（　　）

読解のポイント

作品**2**は、中国の思想家・孔子と童子のやりとりです。

孔子は、かしこい子だと感心したということです。

古文の内容を読み取ろう

古文の内容

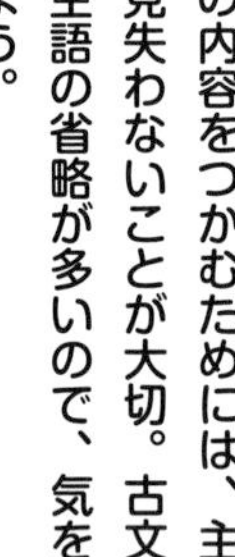

古文の内容をつかむためには、主語を見失わないことが大切。古文には主語の省略が多いので、気をつけよう。

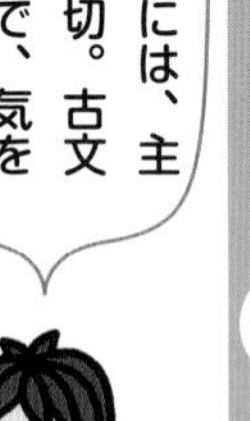

例題 次の文章を読んで、問題に答えましょう。

双六（すごろく）の上手といひし人に、そのてだてを問ひはべり
（双六の名人と（人々が）呼んだ人に　その（勝つための）方法をたずねましたところ）

しかば、「勝たむとうつべからず。負けじとうつべき
（勝とうと思って打ってはならない　負けまいと思って打つべき）

なり。いづれの手か疾（と）く負けぬべきと案じて、その手
（である　どの手が　早く負けるだろうかと考えて）

をつかはずして、一（ひと）めなりともおそく負くべき手につ
（使わないで　一目であっても　おそく負けるだろうと思われる手に）

くべし。」といふ。道を知れる教へ、身を修め、国を
（したがうのがよい　その道をよく知っている（人の）教訓であり、一身）

保たむ道もまたしかなり。
（を正しく整え、国を治めていく方法も、またこれと同じである）

〈「徒然草（つれづれぐさ）」による〉

例題1 ——の言葉を言ったのは、だれですか。

例題2 筆者の感想が書かれた文を探し、初めの五字をぬき出しましょう。

1 会話を読み取る

要点

・古文の会話文は、文脈に注意してだれの言葉なのかを読み取りましょう。

❶ 次のことに注意して、会話文を見つけます。

・引用を表す「と」に注目。
・「問ふ」「言ふ」などの言葉に注目。

❷ 主語を補いながら、文脈をたどり、だれの言葉なのかを読み取ります。

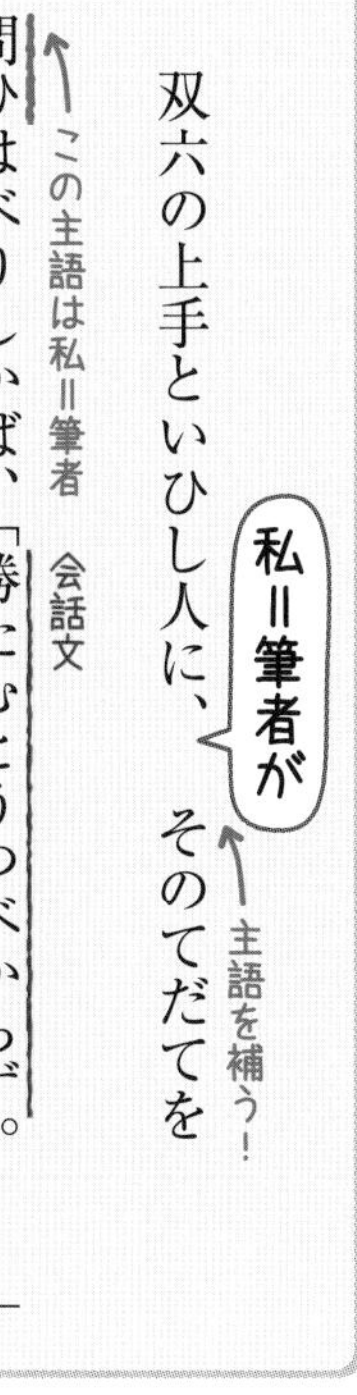

双六の上手といひし人に、そのてだてを問ひはべりしかば、「勝たむとうつべからず。……」といふ。

この主語は私＝筆者　会話文

引用を表す「と」

「双六の上手といひし人」にたずねたので、「いふ」の主語は「双六の上手といひし人」。

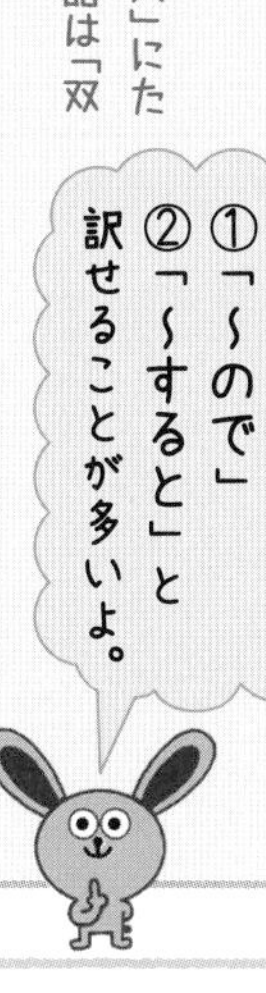

助詞「ば」は、
①「～ので」
②「～すると」と
訳せることが多いよ。

例題❶の答え　双六の上手（といひし人）

2 筆者の意見（教訓・感想）を読み取る

要点

・古文の随筆（ずいひつ）には、「出来事＋筆者の意見（教訓・感想）」という形で書かれた文章が数多くあります。

出来事（おもしろい伝聞・体験など）	＋（プラス）	意見（その出来事からいえる教訓・感想）

❶ 出来事が書かれた部分と、意見が書かれた部分を読み分けます。

❷ 出来事と、筆者の意見（教訓・感想）がどのようにつながっているかを考えます。

▼例題では、次のような形になっています。

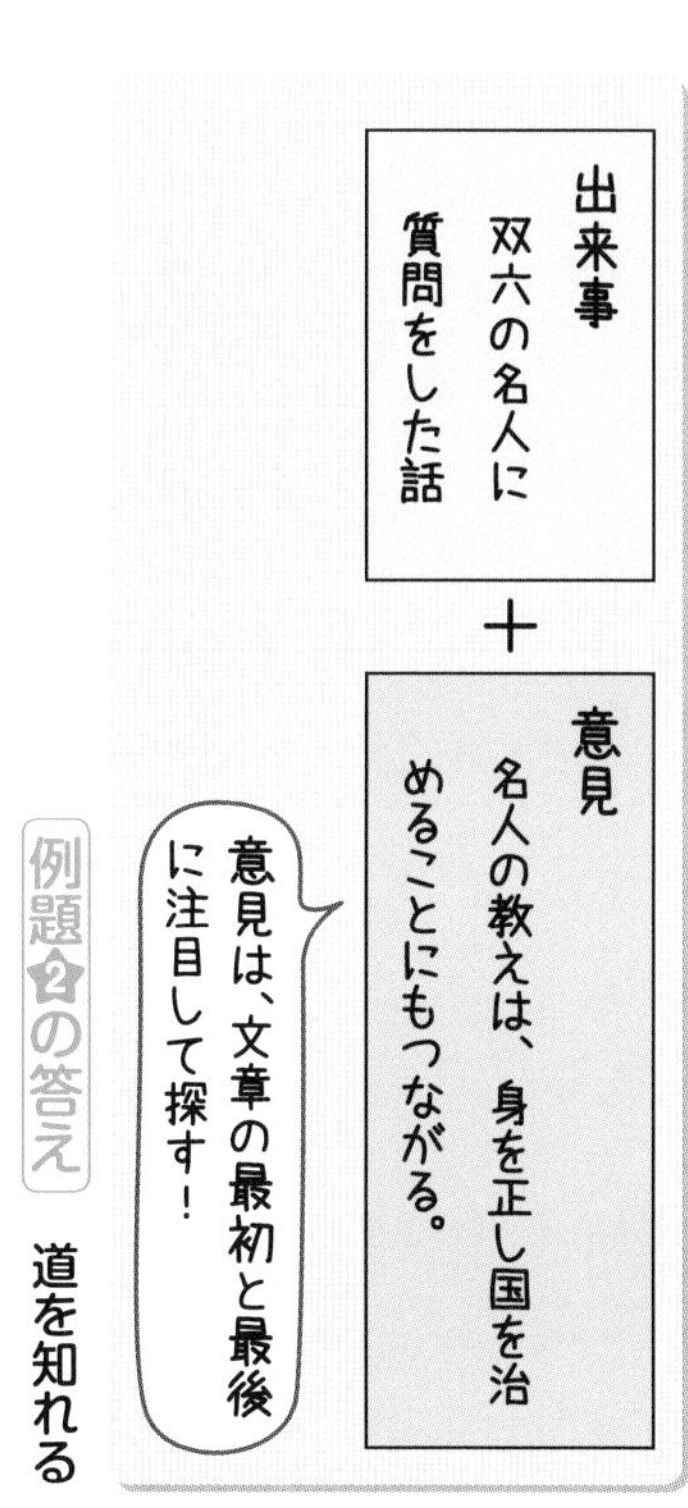

例題❷の答え　道を知れる

練習問題

1 次の文章を読んで、問題に答えましょう。

↓答えは別冊14ページ

武州に西王の阿闍梨と云ふ僧有りけり。「御年は、いくらにならせたまひ候ふぞ」と、人の問ひければ、「六十に余り候ふ」と云ふに、七十に余りて見えければ、①不審に覚えて、「②六十には、いくら程余りたまへる」と問へば、十四余りて候ふと云ひける。遥かの余りなりけり。七十と云へるよりも、六十と云へば、少し若き心地して、かくと云ひける。人の常の心なり。

（御年は、いくつに＝お年は、いくつに／いくらにならせたまひ候ふぞ＝おなりでしょうか／六十に余り候ふ＝六十過ぎでございます／と云ふに＝と言うが／七十に余りて＝七十過ぎに／不審に覚えて＝疑わしく思って／六十には、いくら程余りたまへる＝六十をどのくらい過ぎていらっしゃるのか／と問へば＝と尋ねると／十四余りて候ふ＝十四過ぎております／遥かの余りなりけり＝あまりにも余りすぎている／七十と云へるよりも＝七十歳と言うよりも／六十と云へば＝六十歳と言うと／少し若き心地して＝少し若くなる気持ちがして／かくと云ひける＝このように言ったのだ／人の常の心なり＝人の心の常である）

〈「沙石集」による〉

1 ①不審に覚えて とありますが、なぜ不審に思ったのですか。次から一つ選びましょう。

ア 七十過ぎには見えなかったので。
イ 七十過ぎに見えたので。
ウ 六十代に見えたので。

（　　）

2 ②六十には、いくら程余りたまへる という質問に、「西王の阿闍梨」は何と答えましたか。古文の中からぬき出しましょう。

（　　）

「問へば」や、引用を表す「と」に注目して、会話部分がどこからどこまでなのかを探そう。

3 筆者の意見として最も適切なものを次から一つ選びましょう。

ア だれしも若い気持ちでいたいと願うものである。
イ 僧でありながら、うそをつくのははずかしいことだ。
ウ 年をかくすにしても、ほどほどにするのがよい。

（　　）

筆者の意見は、文章の終わりに注目して探そう。

2 次の文章を読んで、問題に答えましょう。

小僧（こぞう）あり。小夜（さよ）ふけて長棹（ながざを）をもち、庭（には）をあなたこなた
（夜がふけてから）（あちらこちらへ）
ふりまはる。坊主（ばうず）是（これ）を見つけ、「ⓐそれは何事をするぞ」
（（棹を）ふりまわす）（それは何をしているのか）
ととふ。「ⓑ空の星がほしさに、かちおとさんとすれども、
（空の星がほしくて）（たたき落とそうとしているのだが）
落ちぬ。」といへば、「ⓒさてさて鈍（どん）なるやつや。それ程さ
（落ちない）（にぶいやつよ）（それほどまで）
くがなうてなる物か。そこからは棹がとどくまい。やね
（に無策でどうするというのか）（そこからでは棹が（星まで）届くまい）
へあがれ」といはれた。おでしはさも候へ、師匠（ししやう）の指南（しなん）
（お弟子の考えはそれはそれとして）（師匠の指導は）
有（あり）がたし。
（ありがたいものである）

〈「醒睡笑（せいすいしょう）」による〉

1 ⓐ〜ⓒのうち、小僧の言葉はどれですか。記号で答えましょう。（　　）

2 やねへあがれ と言ったのはなぜですか。次の□に当てはまる言葉を、古文の中からぬき出しましょう。

屋根からなら、□が□まで届くと思ったから。

3 筆者の意見が書かれた文はどれですか。初めの五字をぬき出しましょう。

□□□□□

読解のポイント

作品 1 の「沙石集」は老僧が年をかくそうとした話です。

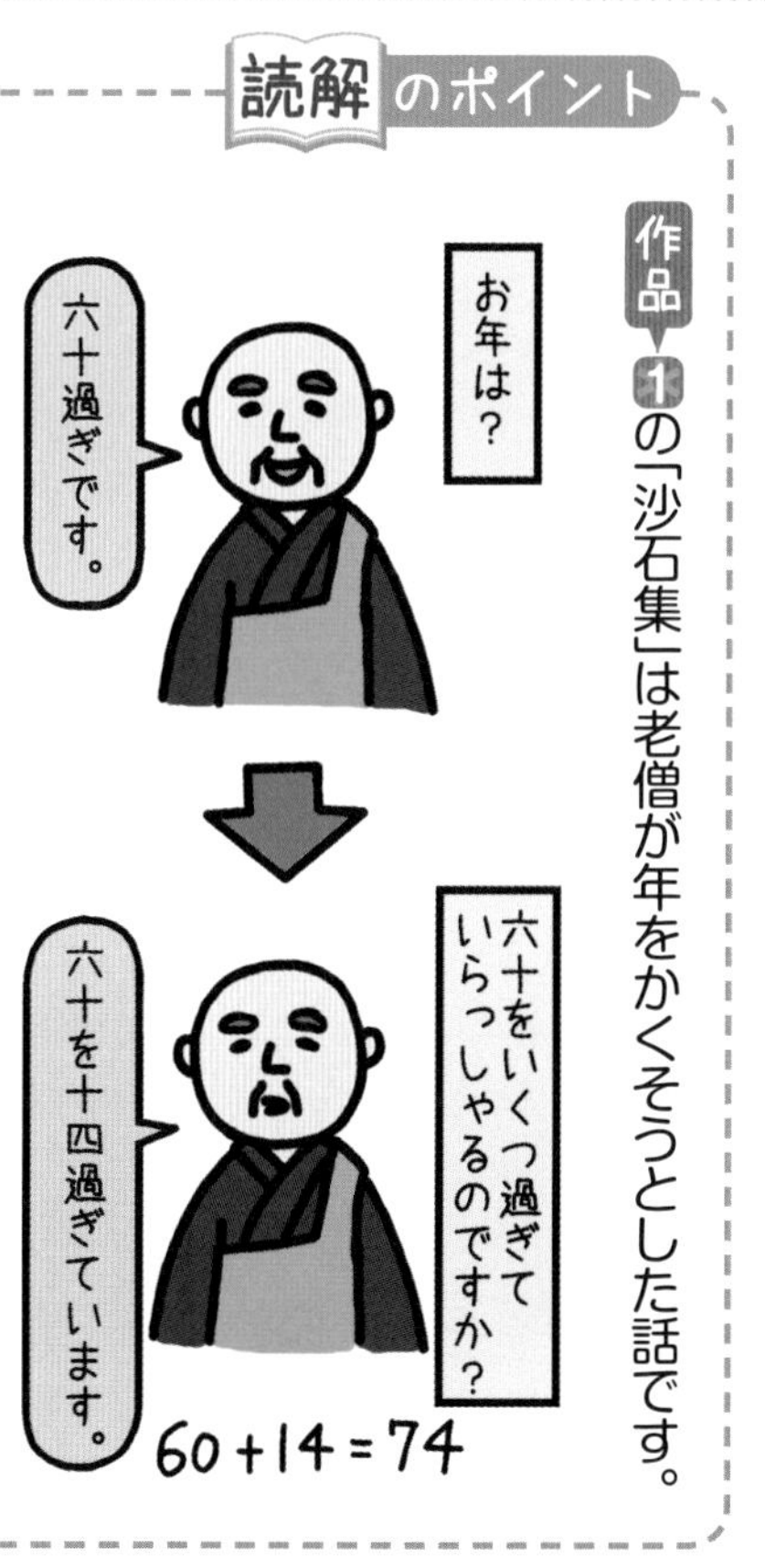

筆者は、若い気持ちでいたいのは人の心の常であると述べています。

23 和歌の表現をとらえよう

和歌の特徴

「五・七・五・七・七」から成る和歌は、短歌と同じ形式。明治時代以降に詠まれた歌を短歌、それ以前の歌を和歌とよぶよ。

勉強した日　月　日

例題

次の和歌を読んで、問題に答えましょう。

これやこの行くも帰るも別れては
知るも知らぬも逢坂の関　蟬丸

これがあの（有名な）、都から行く人も都へ帰る人もたがいに別れ、知り合いも知らない人も「逢う」という「逢坂」の関であるよ。

例題1

この和歌に使われている表現技法を一つ選びましょう。

ア　枕詞
イ　掛詞
ウ　序詞

要点1 和歌の特徴

・和歌は、五・七・五・七・七の五句三十一音から成ります。
・和歌の中での意味や調子の切れ目を句切れといいます。

例　駒とめて（初句 五音）袖うちはらふ（第二句 七音）陰もなし（第三句 五音）［上の句］／句切れ／佐野のわたりの（第四句 七音）雪の夕暮れ（結句 七音）［下の句］　藤原定家

●和歌の表現技法には次のようなものがあります。

❶枕詞…特定の語の前に置き、調子を整える言葉。
例　ちはやぶる→神

❷掛詞…一つの言葉に複数の同音の語の意味を重ねること。
例　あふ→逢ふ（逢う）・逢坂（地名）

❸序詞…ある語を導くために、前に置く言葉。
例　ほととぎす鳴くや五月のあやめぐさ　あやめも知らぬ恋もするかな
（序詞：ほととぎすが鳴く五月に咲くあやめ草のように／「あやめ（物事の分別）」もない恋をしていることだ）

全体の意味とは直接関係なく、「あやめ」を導くために置いた言葉。

例題❶の答え　イ

練習問題

＊ 次の和歌を読んで、問題に答えましょう。

➡答えは別冊14ページ

A
あしびきの山鳥の尾(お)のしだり尾の長々し夜をひとりかも寝(ね)む
山鳥のたれ下がった（長い）尾のように　長い夜をひとりで眠(ねむ)ることだ。
柿本人麻呂(かきのもとのひとまろ)

B
ちはやぶる神代(かみよ)も聞かずたつた川韓紅(からくれない)に水くくるとは
神々の時代の話にも聞いたことがない。龍田川に（真っ赤な紅葉が散って）美しい紅色に水をしぼり染めにするとは。
在原業平(ありはらのなりひら)

C
秋来(き)ぬと目にはさやかに見えねども風の音にぞおどろかれぬる
秋が来たと目にははっきりと見えないが、風の音に（秋のおとずれを）気づかされたよ。
藤原敏行(ふじはらのとしゆき)

D
道のべに清水(しみづ)流るる柳(やなぎ)かげしばしとてこそ立ちどまりつれ
道のほとりに清水が流れている、柳の木かげよ。ほんのしばらく、と思って立ち止まったのになあ。（心地(ここち)よくて思わず長居してしまったよ。）
西行法師(さいぎょうほうし)

1 A・Bの和歌から枕詞(まくらことば)をぬき出しましょう。

A（　　　　）　B（　　　　）

ヒント　枕詞は、ほとんどが五音の言葉だよ。

2 あしびきの山鳥の尾のしだり尾の は、「長々し」という言葉を導くために置かれた言葉です。このような表現技法を何といいますか。

（　　　　）

3 Bの和歌は何句切れですか。

（　　　　）句切れ

ヒント　現代語訳を参考にして、歌の中で意味が切れる部分（句点「。」が打てる場所）を探します。

4 次の説明が当てはまる和歌をA～Dから一つずつ選びましょう。

① 遠回しな表現で木かげのすずしさを詠(よ)んでいる。（　　）

② 耳で感じ取った季節の変化を詠んでいる。（　　）

24 漢文のきまりを学ぼう

漢文の特徴

訓読文で、漢字の右下に片仮名で書かれているのが送り仮名、左下につけられているのが返り点だよ。

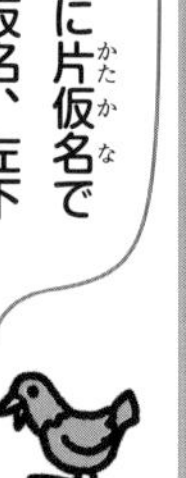

例題 次の文章を読んで、問題に答えましょう。

A

［　　　　］。田中に株有り、兎走りて株に触れ、頸を折りて死す。因りて其の耒を釈てて株を守り、復た兎を得んことを冀ふ。兎復た得べからずして、身は宋国の笑ひと為れり。

（宋の国の人に田を耕す者があった／兎が走ってきて／株に当たり／そこで（持っていた）すきを捨てて／株を見張り／再び（同じようにして）兎を手に入れたいと願った／兎を再び／手に入れることはできず／その人は宋の国の笑い者になった）

B

宋人有耕田者。田中有株、兎走触株、折頸而死。因釈其耒而守株、冀復得兎。兎不可復得、而身為宋国笑。

〈「韓非子」による〉

例題1 Aのように、漢字仮名交じりの文に直した漢文を何といいますか。

ア 白文

イ 訓読文

ウ 書き下し文

例題2 ［　］に入る――の書き下し文を書きましょう。

1 漢文とは

● 漢文とは、中国の昔の文体で書かれた文章です。

❶ 白文（原文）　例 耕田　（漢字のみ。）

❷ 訓読文　例 耕ス㋹田ヲ。（送り仮名／返り点）　（訓点（返り点、送り仮名、句読点）をつけたもの。）

❸ 書き下し文　例 田を耕す。　（漢字仮名交じりの文に直したもの。）

● 訓読文は、次のようにして書き下し文に直します。

① 返り点がついていない漢字は、上から順に読む。

② 返り点がついている漢字は、返り点にしたがって読む順番を入れかえて読む。

③ 送り仮名・日本語の助詞、助動詞に当たる漢字は平仮名に直す。

「不」と「可」は助動詞に当たる漢字なので平仮名に直す。

例 訓読文 兎不シテレ可カラ二復タ得一而身ハ為レリ二宋国ノ笑ヒト一。

「而」や「於」などは、通常読まない字（置き字）

書き下し文 兎復た得べからずして、身は宋国の笑ひと為れり。

例題❶の答え　ウ

2 返り点の読み方

要点

返り点は、次のきまりにしたがって読みます。

❶ レ点……下の一字を先に読み、「レ」のついた字に返って読む。

例 読ムレ書ヲ。 → 書を読む。

❷ 一・二点……「一」のついた字まで先に読み、「二」のついた字に返って読む。

例 思フ二故郷ヲ一 → 故郷を思ふ。

▼例題は、レ点と一・二点の組み合わせなので次のように読みます。

宋人ニ有リ二耕スレ田ヲ者一

返り点がついていないので順に読む

レ点…「田」→「耕」の順に読む。

一・二点…「者」→「有」の順に読む。

全体では……「宋」→「人」→「田」→「耕」→「者」→「有」

例題❷の答え　宋人に田を耕す者有り

練習問題

➡答えは別冊15ページ

1 次のAのような漢文を白文とよびます。B訓点をつけたもの、C漢字仮名（かな）交じりの文に直したものを何とよびますか。

A 守株　（白文）

B 守ル㆑株ヲ。

C 株を守る。

「訓点」とは、返り点、送り仮名、句読点のこと。「返り点」は「レ点」「一・二点」などのことだね。

2 次の漢文は、どのような順番で読みますか。例にならって、順番を数字で書きましょう。

例 登ル㆑山ニ。　2㆑ 1。

① 上 善ハ 若(ごとシ)㆑水ノ。

② 借(か)ル㆓虎(とら)ノ威(い)ヲ㆒。

3 次の漢文を、書き下し文に直しましょう。

例 登ル㆑山ニ。（山に登る。）

① 禍(わざはひ)ハ自(よ)リ㆑口出(い)ヅ。

② 忠言ハ逆ラフ㆓於耳ニ㆒。

③ 百聞ハ不(ず)㆑如(し)カ㆓一見ニ㆒。

④ 己(おのれ)ノ所㆑不(ざ)ル㆑欲(ほっ)セ、勿(な)カレ㆑施(ほどこ)スコト㆓於人ニ㆒。

②④「於」は、置き字なので、書き下し文にするときには読まないよ。

4 次の文章を読んで、問題に答えましょう。

賈島挙に赴きて京に至り、驢に騎りて詩を賦し、「僧は推す月下の門」の句を得たり。手を引きて推敲の勢ひを作すも、①未だ決せず。覚えず大尹韓愈に衝る。乃ち具さに言ふ。愈曰く、「敲の字佳し」と。②遂に轡を並べて詩を論ず。

（賈島という人が試験を受けに都へやってきて　ろばに乗って　詩を作り　思いついた　「推す」（という言葉）を「敲く」にかえようかと思う　手ぶりをして「推」「敲」のしぐさをするが　なかなか決まらない　思わず　都の長官・韓愈（の行列）にぶつかる　そこで、事情をくわしく話した　韓愈が言った　「『敲』の字がよい」　とうとう（二人は）馬の首を並べて）

賈島赴レ挙至レ京、騎レ驢賦レ詩、得二「僧推月下門」之句一。③欲レ改二推作一レ敲。引レ手作二推敲之勢一、未レ決。不レ覚衝二大尹韓愈一。乃具言。愈曰、「敲字佳矣。」遂並レ轡論レ詩。

〈「唐詩紀事」による〉

1 ①未だ決せずとは、どんなことが決まらなかったのですか。（　）に当てはまる言葉を書きましょう。

詩の言葉として「僧は（　　　）」と「僧は（　　　）」のうち、どちらの言葉がよいかということ。

2 ②遂に轡を並べて詩を論ず。と読めるように、次の漢文に返り点をつけましょう。

遂並轡論詩。

3 ［　］に当てはまる③欲レ改二推作一レ敲。の書き下し文を書きましょう。

（　　　　）

読解のポイント

作品4は、詩人が、詩の中の句に「推す」と「敲く」のどちらの言葉がよいか迷ったという話です。この故事から、文章を練り直すという意味の「推敲」という言葉が生まれました。

25 漢詩の種類と表現を知ろう

勉強した日　　月　　日

例題　次の漢詩を読んで、問題に答えましょう。

黄鶴楼送孟浩然之広陵　李白

故人西辞黄鶴楼
煙花三月下揚州
孤帆遠影碧空尽
惟見長江天際流

故人西のかた黄鶴楼を辞し
旧友は西に当たるこの黄鶴楼に別れを告げ

煙花三月揚州に下る
花がすみの春三月、揚州へと下っていく

孤帆の遠影碧空に尽き
いっそうの船の遠い影は青空のかなたへ消え

惟だ見る長江の天際に流るるを
ただ長江が天の果てまで流れるのを見るばかり

例題1　右の漢詩の形式は何ですか。

漢詩の特徴

「ぼくたちも
食べたおいも
あげるよ、君にも」
「〜イモ」の音で押韻したよ。

要点 1　漢詩の特徴

・漢詩は句(行数)と一句の文字数で形式が分けられます。

絶句	四句(行)でできた詩。	五言絶句＝一句が五字。 七言絶句＝一句が七字。
律詩	八句(行)でできた詩。	五言律詩＝一句が五字。 七言律詩＝一句が七字。

● 漢詩の表現技法には次のようなものがあります。
❶ 押韻…句末の音のひびきをそろえること。
❷ 対句…組み立て・意味が対になる二つの句を並べること。

● 絶句は、起承転結の構成になっています。

起句（第一句）…歌い起こす
承句（第二句）…前を承ける
転句（第三句）…場面が転換する
結句（第四句）…全体をまとめて結ぶ

▼例題の漢詩は、四句で、一句が七字。→七言絶句

例題1の答え　七言絶句

練習問題

＊次の漢詩を読んで、問題に答えましょう。

➡答えは別冊15ページ

尋胡隠君（たづヌこいんくんヲ）　高啓

渡水復渡水　水を渡り　復た水を渡り

看花還看花　花を看　還た花を看る

春風江上路　春風江上の路

不覚到君家　覚えず君が家に到る

［現代語訳］

川を渡り、また川を渡り、

（川辺の）花を見ては、また花を見る

春風の吹く川沿いの道

知らず知らずのうちに君の家に到着してしまう

1 この詩の形式を、漢字四字で答えましょう。

四句からできていて、一句の文字数が五字。その場合の形式は何かを考えよう。

2 対句になっているのは、第何句と第何句ですか。漢数字で答えましょう。

第□句と第□句

3 花①と押韻されている漢字を漢詩の中から一字ぬき出しましょう。

4 覚えず君が家に到る②の説明として最も適切なものを次から一つ選びましょう。

ア 道に迷っていたら、運よく君の家を見つけた。

イ 散歩していたら、偶然君の家にたどり着いた。

ウ 風景を楽しんで歩いていると、いつのまにか君の家に着いた。

（　　）

まとめのテスト

勉強した日　月　日

得点　/100点

➡答えは別冊16ページ

1 次の文章を読んで、問題に答えましょう。

呂尚父（りよしやうほ）が妻、家を住みわびて、離（はな）れにけり。呂尚父、王の師
（呂尚先生の妻が、家での暮らしをつらく思って、離れていってしまった）

となりて、いみじかりける時、かの妻、帰り来て、もとのごとく
（たいへん栄えていた時）（もとのように暮らす）

あらむことをⓐこひのぞむ。その時に、呂尚父、桶（をけ）一つを取り出（い）でて、
（ことを）（願った）

「これに水入れよ」とⓑいふままにⓒ入れつ。「こぼせ」といへば、
（と言うので（妻はそれにしたがって）水を入れた）（（その水を）こぼしなさい」と）

ⓓこぼしけり。さて、もとのやうに返（かへ）し入れよといふ時、妻笑ひ
（言うので水をこぼした）（（呂尚が）もとのように水を戻し入れよと言った時）

て、「土にこぼせる水、いかでか返し入れむ」といふ。呂尚いはく、
（どうやって戻し入れられようか。（戻せません））

「汝（なんぢ）、われに縁尽（えんつ）きしこと、桶の水をこぼせるに同じ。いまさら、
（あなたが、私と縁を切ったのは）（桶の水を地面にこぼしたのと同じことだ）

いかでか帰り住まむ」とぞいひ［　］。
（どうして帰ってきて一緒に住めようか（一緒には暮らせない））

〈「十訓抄（じっきんしょう）」による〉

1 ⓐ〜ⓓのうち、主語がちがうものを一つ選び、記号で答えなさい。（10点）

（　　）

2 文章中には、もう一つ会話文の「　」をつけられる部分があります。その部分を十一字でぬき出しなさい。（10点）

［　　　　　　　　　　　］

3 ［　］に当てはまる文末を次から一つ選び、記号で答えなさい。（10点）

ア　けり（終止形）
イ　ける（連体形）
ウ　けれ（已然（いぜん）形）

（　　）

4 汝、われに縁尽きしこと、桶の水をこぼせるに同じ。とありますが、どんな点が同じなのですか。次から一つ選び、記号で答えなさい。（20点）

ア　どんなことでも別れは悲しいという点。
イ　呂尚の妻が、悪いことをしたという点。
ウ　起こったことは、取り返しがつかないという点。

（　　）

2 次の文章は、神官からお酒をもらった門人たちの話です。彼らは、蛇の絵を最初に描き上げた者が酒を飲むことにしました。これを読んで下の問いに答えなさい。

一人の蛇先づ成る。酒を引き且に之を飲まんとす。乃ち左手もて卮を持し、［　　　］、「吾能く之が足を為る」と。未だ成らず。一人の蛇成る。其の卮を奪ひて曰く、「蛇は固より足無し。子安んぞ能く之が足を為らん」と。①遂に其の酒を飲む。蛇の足を為る者、終に其の酒を亡ふ。

（一人の蛇の絵がまずできた／いまにも飲もうとする／そして左手でさかずきを持ち／右手で蛇をかきながら言うことには／私は、この足まで描けるよ／まだかきあがらないうちに／もう一人の蛇の絵ができた。／そのさかずきを奪って／もともと足はない／君はなぜ蛇の足をかくことができるのか（できるはずがない）／結局（その男が）／その酒を飲む／とうとうその酒を飲めなかった。）

一人ノ蛇先ヅ成ル。引キレ酒ヲ且ニレ飲マントレ之ヲ。乃チ左手モテ持シレ卮ヲ、②右手モテ画キテレ蛇ヲ曰ク、「吾能ク為ルト二之ガ足ヲ一」。未ダレ成ラ。一人之蛇成ル。奪ヒテ二其ノ卮ヲ一曰ク、「蛇ハ固ヨリ無シレ足。子安ンゾ能ク為ラント二之ガ足ヲ一」。遂ニ飲ム二其ノ酒ヲ一。為ル二蛇ノ足ヲ一者、終ニ亡フ二其ノ酒ヲ一。

1 ①遂に其の酒を飲む。と読めるように、左の漢文に返り点をつけなさい。（20点）

遂ニ飲ム其ノ酒ヲ。

2 ［　　］に当てはまる②右手画キテ蛇ヲ曰クの書き下し文を書きなさい。（20点）

（　　　　　　　　）

3 この漢文は「蛇足」という故事成語のもとになった話ですが、「蛇足」の意味を次から一つ選び、記号で答えなさい。（10点）

ア 余計なもの。　イ 最後の仕上げ。
ウ わずかなもの。

（　　）

プラスワン 反語の表現に注目！

係りの助詞「か」は、疑問・反語を表すことを勉強しました。1の「いかでか返し入れむ」は「反語」にあたります。「どうして戻せようか」いう言葉の裏に「決して元には戻せない」という気持ちがこめられているのです。疑問の言葉の裏に、逆の気持ちをこめる表現を「反語」と言います。

かんたんチェック

覚えておきたい古語

1 現代語と意味のちがう言葉

□あはれなり▼しみじみとした趣（おもむき）がある。

□あやし▼①不思議だ。②身分が低い。

□ありがたし▼①めずらしい。②優（すぐ）れている。

□いとほし▼かわいそうだ。

□うつくし▼かわいらしい。

□おどろく▼①はっと気づく。②目覚める。

□おぼゆ▼①思われる。②面影（おもかげ）がある。

□おろか▼いいかげんだ。

□かなし▼かわいい。心ひかれる。

□さらに▼（下に打ち消しの語をともない）全く（…ない）。少しも（…ない）。

問題 次の言葉の意味を選びましょう。

□①つとめて
ア　努力する
イ　仕事
ウ　早朝

□年ごろ▼長年の間。

□なさけなし▼①思いやりがない。②風流でない。

□なほ▼まだ。やはり。

□にほふ▼美しく色づく。

□はづかし▼こちらが恥（は）ずかしくなるほど、立派だ。

□めづらし▼賞美（しょうび）すべきだ。すばらしい。

□めでたし▼すばらしい。立派だ。

□やがて▼①そのまま。②すぐに。

□やさし▼①つらい。②優美だ。

□わろし▼よくない。好ましくない。

問題 次の言葉の意味を選びましょう。

□②ゐる（居る）
ア　座（すわ）る
イ　寝（ね）ている
ウ　立っている

□をかし▼趣がある。

2 現代では使われない言葉

□あまた▼たくさん。

□あらまほし▼そうあることが望ましい。

□いかで▼①なんとかして。②どうやって。

□いと▼とても。たいそう。

□いみじ▼程度がはなはだしい。

□おはす▼いらっしゃる。

□おぼしめす▼お思いになる。

□かち▼徒歩。

□げに▼本当に。

□こころうし▼①つらい。②不愉快（ふゆかい）だ。

□さやか▼はっきりしている。

□さらなり▼言うまでもない。

□つきづきし▼似つかわしい。ふさわしい。

問題 次の言葉の意味を選びましょう。

□③つれづれなり
ア　面倒（めんどう）だ
イ　たいへんだ
ウ　退屈（たいくつ）である

□とし（疾し）▼①早い。②速い

□のたまふ▼おっしゃる。

□ほい（本意）▼本来の目的。

□ものぐるほし▼気が変になりそうだ。

□やうやう▼だんだん。しだいに。

□やむごとなし▼①捨ててはおけない。②高貴である。尊い。

□ゆかし▼①見たい。知りたい。②なつかしい。

□よろづ▼①いろいろなこと。②すべて。

〈答え〉①ウ　②ア　③ウ

この「解答と解説」は取り外して使えます。➡

改訂版

わからないをわかるにかえる

中学国語 文章読解 1〜3年

解答と解説

文理

1 登場人物と場面を読み取ろう

8ページ

解答

1 魚勝(さん)

2 ウ

3 (順に)立派・美しい桜色

4 イ

アドバイス

1 登場人物を表す言葉に注目しましょう。この場面では、克久(カッちゃん)、百合子、魚勝さんの三人がいます。「うちのカツ」は、魚勝さんの息子だと思われますが、会話の中に名前が出るだけで、実際にこの場面にいるわけではありません。

2 登場人物の様子や言葉から、場面の状況をとらえましょう。「県大突破は当たり前なんだって。」「明日、届けようと思っていたタイだけど、…今日でもいいかと思ってサ」などから、前祝いだとわかります。

3 「実に立派なタイだった。何より、色が美しい桜色をしていた。」と書かれています。

4 「なにしろ、初出陣だから」という、魚勝さんの言葉に対して「なんか、違うんだけど」という顔をしています。後の克久の言葉に注目して、克久の心情をとらえます。

2 心情を読み取ろう

12ページ

解答

1 例 機械科に通う女子はたったひとりだから。

2 ウ

3 例 学校のPRのために、心が校内選考で選ばれるだろうと言われたこと。

4 ふっと力が

アドバイス

1 この文章は、心の視点でえがかれています。「特別扱いされることのほうが、嫌なんよ」という言葉の後の文は、心の状況と心情を表したものです。この部分をまとめます。

2 直後に「旋盤に夢中になっていた」とあります。望んだわけではなくても、特別扱いで不必要に優しくされていると気づいて、旋盤を女子がやることの難しさを感じたときには、もうやめられないほど旋盤に夢中になっていたのです。

3 直前に「思い出して」とあるので、前の部分から思い出している内容をとらえます。

4 祖母の言葉に、「暗い顔」が「笑ってしまった」と変化しています。「意地悪な顔になって言う」は祖母の様子です。まちがえないようにしましょう。

3 心情の変化をつかもう

16ページ

解答

1 ア

2 例結局、家族の誰も駅に見送りに来てくれなかったから。

3 ①例バッグの中に両親のメッセージが書かれているポンカンを見つけたこと

②例うれしい

4 イ

アドバイス

1 この文章は「カズユキ」の視点で書かれています。直前の「俺のほうじゃなかったのか?」「俺を見送るはずじゃなかったのか?」に注目します。

2 前の部分「もしかしたら両親が駅に見送りに来てくれるかもしれない」「誰もいないのを確かめて」から、カズユキの最後の希望がかなわなかったことがわかります。

3 ①電車の中での出来事に注目します。単に「バッグの中にポンカンを見つけた」だけでは不正解。両親のメッセージが書いてあったことを落とさずに書きましょう。

②「へへっと笑った」というカズユキの行動から、カズユキが両親の思いを知って喜びを感じていることをとらえます。

4 果汁が「目に染みた」と書くことで、カズユキが涙ぐんでいることを表現しています。

4 表現・情景を読み取ろう

20ページ

解答

1 ウ

2 ア

3 (川の)水

4 イ

アドバイス

1 直後の「自分がひどく小さく見えた。」に注目します。この場面で、良平は橋から飛びこむことをおそれています。大きく広い空と比べて、おくびょうな自分を「小さく」感じ、その差が「悲しいくらい」と表現されていることを読み取ります。

2 「そろそろと」「だが今は」などの表現から、良平が飛びこむことをおそれていることをとらえます。「おずおずと」とは、〝おそるおそる〟という意味です。

3 「両足にどんと衝撃を受けて」から、良平が水の中に入ったことがわかります。その状況で、体をつつむ「柔らかいもの」が何かをとらえます。

4 この場面では、良平は水の中にいることから考えます。「心地いい感触」もヒントになります。

5 人物像をつかもう

24ページ

解答

1 例本棚にサッカー関連の書籍が並んでいること。

2 イ

3 限られている・自主的

4 ウ

アドバイス

1 湯浅の本棚にサッカー関連の本が並んでいるということは、湯浅がサッカーについて本から知識を得ようとしていることを表しています。

2 湯浅の言葉の、「いかんなくリーダーシップを発揮してくれた」「はっきりと私に物を言い、私を助けてくれた。」から、兵藤の人物像がわかります。

3 湯浅の言葉の「要するになにが言いたいかというと」の後に注目します。

4 湯浅の言葉や行動に注目します。遼介に対して「サッカーに対する知識はないし」と言っていることから、相手が生徒でも自分の足りない部分を正直に話していることがわかります。一方で、本棚にサッカー関連の本があることや、「私にできることはやろうと思う」と言っていることから、できるだけの努力はしようとしていることも読み取れます。

6 主題をとらえよう

28ページ

解答

1 例自分は、感情表現ができず、聴かせる演奏ができないということ。

2 イ

3 卒業証書授与の時

4 ア

アドバイス

1 「なんで西澤にふっとしゃべってしまったのか」とあるので、前にある「私」の言葉が「千秋にも言えずにいたこと」だとわかります。「アリアがぜんぜんうまく吹けない」「メロディーが歌えない」でも正解。

2 「山口のソプラノだから、俺らはついていける」という西澤の言葉や、「信頼があるのなら。西澤がそう言うのなら。」に注目します。西澤は「私」に信頼していることを伝えて、はげまそうとしているのです。

3 私たちの演奏は、「卒業証書授与の時のBGM」だと書かれています。

4 冒頭で「私」は「アリアがぜんぜんうまく吹けなくて…感情表現ができてないんだ」と迷いを打ち明けていますが、西澤と話した後は「とりあえず〝正確〟でいいのかもしれない」「何かがふっきれた」と考えています。西澤に信頼されていることを知り、自分の演奏に自信をもてたのです。

7 随筆　話題と筆者の感想を読み取ろう　32ページ

解答

1 例今日はお弁当を作れないので、何か買って行ってほしいということ。

2 イ

3 まだ見ぬ人生の自由の味

4 イ

5 自由・やましさ

アドバイス

1 「『お弁当作れないから……今日だけは何か買って行ってちょうだい』」という母の言葉をまとめます。

2 筆者は、歩いているうちに、「(今日はコロッケパンが買える)という思いに心が弾み、羽ばたき」という気持ちになっています。

3・4 筆者はコロッケパンを夢中で頬張り、「まだ見ぬ人生の自由の味」を感じました。母が用意したお弁当ではなく、自分で選んだパンを食べるという自由がうれしかったのです。しかし、毎日お弁当を作ってくれる母の愛情を考えると、買って食べることをうれしく思うことに後ろめたさもあったのです。

5 最後の段落で、筆者がコロッケパンを食べるたび、小学生のときに感じた気持ちを思い出していることからとらえます。コロッケパンは、筆者に「甘辛い自由の恍惚」と、「かすかに混じるやましさ」を味わわせるものなのです。

8 随筆　筆者の考え方をとらえよう　36ページ

解答

1 ア

2 その場を丸くおさめるためのウソ

3 ウ

4 しようと思

アドバイス

1 「大好きな先生の険しい横顔と、押された力の思いがけない強さにすっかりすくんでしまい」という「私」の様子から気持ちをとらえます。この段階では、まだ「後悔」の気持ちはありません。「すくむ」とは、恐ろしさや緊張などで体がこわばって動かなくなることです。

2 先生の言葉の後に、その時の「私」の様子や心情が書かれています。そこに注目してとらえます。

3 直前に「そう思うといたたまれなさに」とあります。「そう思う」の内容を前の部分からとらえます。「いたたまれない」とは、心配などのためにそこにじっとしていられないという意味。ここでは、ヒナを守らずに自分を守ってしまったことを恥ずかしく思い、たまらない気持ちになっているのです。

4 随筆では、筆者の体験を通して、筆者の思いや考えが最後につづられていることが多いので、注意します。

まとめのテスト 小説・随筆 38ページ

解答

1 跨線橋の登り坂

2 昇平を振り返った

3 (1) (順に)風ケ丘・海岸(海)・自転車

(2) 例冒険のゴールが見えるところまでたどりついて、喜びにあふれる気持ち。

4 エ

アドバイス

1 直後の文に書かれています。

2 「追い抜けそう」という時点では、まだ昇平が先を走っています。その後、「追い抜いた」という表現はありませんが、海を見て昇平を振り返っているところから、これより前に追い抜いたことがわかります。

3 (1) 「風ケ丘からここまでの長い距離を走り」「ペダルをこいでいる」「跨線橋の上で自転車を停め」などの表現から、「冒険」の内容をとらえます。

(2) 「満足感」「とうとう来たなー」などの表現から、草太たちの「冒険」が成功しそうであることをとらえ、「眩しい波」「祝福」から、波が冒険の成功を祝福しているように感じている草太の喜びをとらえます。

4 たがいに競い合い、冒険の成功を「顔を見合わせて笑い合っ」ていることから、よいライバル関係であることがわかります。

9 話題をとらえよう 44ページ

解答

1 (順に)コミュニケーション・誤解

2 エ

3 ウ

4 例誤解の余地が確保されているコミュニケーション

アドバイス

1 この文章では「コミュニケーション」と「誤解(の余地)」が全体のキーワードです。話題は、文章の初めにあることが多いので注意します。

2 「洋服を見ても『かわいい』、化粧を見ても『かわいい』…」から「…わかりっこありません」の部分が具体例です。「かわいい」という言葉を例に、若い人たちのコミュニケーションを論じています。

3 「かわいい」の例から、若い人たちは貧しい語彙で誤解の幅のあるコミュニケーションをしていることがわかります。

4 「それこそがコミュニケーションの『王道』だからです。」の「それ」が指す内容を前の部分からとらえましょう。

10 指示語を読み取ろう

48ページ

解答

1 ウ

2 世の識者～るだろう

3 わかっていないということを忘れていない

4 知ることを愛し求めること

アドバイス

1 冒頭にある「子どもとは何だろう。そして、子どもが大人になるとは、どういうことだろう」という二つの問題提起の文を指しています。

2 指示語が指す内容が、指示語よりも後にあります。第二段落の最後の「と」は、ソクラテスの言葉の引用が終わった目印となる「と」と考えるとよいでしょう。

3 直前の一文の内容を指しています。その前にある「知らないということを知っている」も同じ内容ですが、字数が合いません。

4 「これが、哲学という言葉（英語ではフィロソフィ）の語源だ」の「これ」が指している「フィロソフィア」の内容をとらえましょう。

11 接続語を読み取ろう

52ページ

解答

1 ウ

2 Bイ　Cエ

3 例最後までつきあうつもりで、時間をあげるということ。

アドバイス

1 Aの前後の内容は反対になっているので、ウが正解です。

2 Bの前の内容と後の内容を、比べてみましょう。後の内容は、前の内容につけ加えたものなので、イ「そして」が正解です。

　Cの前には、「憎まれ口を叩く…相手を突き放す」と具体例があり、後には「聞き流す…はぐらかす」と別の具体例が続きます。どちらも具体例なので、どちらかを選ぶ働きの「あるいは」が正解です。

3 最後の二文を中心にまとめます。

12 言いかえの表現を読み取ろう

56ページ

解答

❶ 武士も農民～送れる社会

❷ イ

❸ 基本貧乏な総中流社会

❹ 「社会主義」が成功していた国

アドバイス

❶ 「それが江戸時代の社会構造でした」とあるので、「江戸時代の社会構造」は「それ」が指す内容の言いかえだとわかります。この文では、「それ」は、直前の部分すべてを指しています。

❷ この場合の「そこそこ」は「十分とはいえないが、一応納得できる程度」という意味です。

❸ 二つ先の段落で、江戸時代が日本人の心をとらえている理由が書かれています。そこに「ある種の理想社会」の言いかえ部分があります。

❹ 筆者は「ある種の理想社会」を❸のように言いかえているだけでなく、最後の段落でも、自分の意見として『社会主義』が成功していた国」と言いかえて、はっきり述べています。

13 筆者の意見とその根拠を読み取ろう

60ページ

解答

❶ ⓐ△ ⓑ△ ⓒ△ ⓓ○

❷ ウ

❸ 自分の手～にある。

❹ 例「私がコップを割った」という言い方には、日本人の責任感が表れているから。

アドバイス

❶ 事実の文と意見・感想の文を読み分けるためには、文末表現に注目しましょう。ⓐ「…そうだ」、ⓑ「…という」の文末表現は人から聞いたことを伝えるものなので、事実の文です。ⓒも次男の話の一部なので事実です。ⓓは、次男の話に対する筆者の感想です。

❷ 筆者は、ヨーロッパ人、中国人がアメリカ人と同じ反応をしたことから、「コップを割った」は日本人独特の言い方なのかもしれないと思ったのです。

❸ 「こう考える」の「こう」は、その後の部分を指しています。最後の文の「こういう考え方」の「こういう」が指すものと同じです。

❹ この文章の最後の段落に着目しましょう。

14 段落の要点をつかもう

64ページ

解答

❶ 3→2→1

❷ A隣どうし密にくっつく
B水素結合

❸ 例(四度以下では、)水の分子がくっつこうとしても、水素結合がそれをはばんでしまうため。

❹ 例なぜ氷は水に浮くのか(十字)

アドバイス

❶ 1段落の初めの二文に注目しましょう。「摂氏(せっし)四度で密度が最大にな」るということは、摂氏四度のとき最も重くなるということです。次に「さらに冷やすと軽くなる」とあるので、摂氏四度より冷たい水は、摂氏四度の水より軽いことがわかります。そして「氷になるともっと密度が小さく」なるとあるので、氷は摂氏四度以下の水よりも軽いことがわかります。

❷ 各段落の中心文を探して要点をまとめましょう。

❸ この前に「水の分子どうしがくっつこうとしても、水素結合がそれをはばんでしまうため」とあります。この部分を中心に考えましょう。

❹ 「氷が水に浮く」こと、または「水素結合」を中心とした見出しであれば正解です。

15 段落の構成をとらえよう

68ページ

解答

❶ すなわち

❷ 達成動機づけ

❸ イ

❹ 日本の文化的

アドバイス

❶ 「それ以上に注目すべき」ことを「すなわち」で始まる文で、具体的に述べています。これが中心文です。

❷ 2段落の最後の文「これが、なぜ日本の子どもの場合には弱いのでしょうか。」の「これ」が指す内容をとらえましょう。

❸ 1段落で述べた「勉強への意欲」について、2段落では「達成動機づけ」と言いかえてよりくわしく説明し、これがなぜ日本の子どもの場合は弱いのかと問題提起しています。

❹ 2段落で提起された問題とは、なぜ日本の子どもの場合は、達成動機づけが弱いのかということです。4段落の最後の一文で、筆者はこの問題に対する答えを示しています。

16 要旨をとらえよう

72ページ

解答

① A ④　B ①　C ②

② エ

③ 例非典型的な脳の持ち主の可能性を理解し、引き出すためには、周囲の人の大胆な発想と想像力が求められる。

アドバイス

① A～Cそれぞれの要点に使われている語句を、各段落から探しましょう。

② この文章全体のキーワードは「非典型的な脳」です。アインシュタインの話は、一つの例として挙げられたものです。③段落の「非典型的な脳の持ち主の中に、興味深い可能性が見いだされてきた」、④段落「非典型的な脳の持ち主の中に潜む素晴らしい原石」などから、エが正解とわかります。

③ 「非典型的な脳は…周囲とさまざまな摩擦を起こす傾向がある」という④段落の内容を受けて、⑤段落で筆者は結論を述べています。この部分をまとめましょう。

まとめのテスト 説明文・論説文

74ページ

解答

1 Aア　Bエ

2 例食物を育んでくれた（太陽や大地や雨や）様々なものに対する感謝の気持ちを表現すること。

3 Ⅰ物事を金～評価する　Ⅱ心の領域～っている

4 「家族～持ち方

5 感性

アドバイス

1 Aの後に、「家庭で家族が食事をする場合」の例を挙げているので、「例えば」が入ります。Bは、前後が反対の内容になっているので、「しかし」が入ります。

2 ①段落の最後の一文で述べられている、自然に対する感謝の気持ちを「根源的な謙虚さ」と言いかえています。

3 ③段落の初めの二文の内容を中心にまとめましょう。

4 ①～④段落で論じられている問題をまとめた表現を探しましょう。⑤段落の「〝二重奏〟を奏でる」という表現で、影響しあう二つの問題が述べられています。

5 ⑤段落の最後の一文で、筆者は「感性の衰退だ」と断定しています。

17 詩の種類と表現を学ぼう

80ページ

解答

1

① 4・8

② 赤い鼻緒の赤いかんこ

③ ②ア　③ウ

④ イ

2

① ア

② イ

③ 幸

④ ウ

アドバイス

1

① 「とうちゃんのなんか／はかないよ」から「ミミコのかんこ／はくんだ」までが、ミミコの言った言葉です。

② 14〜15行目に書かれています。

③ ②「…みたいな」は直喩です。
③かんこを人に見立てて、「待っていた」と表しています。

④ 小さなミミコがかわいい「理屈」を言う姿を「独立」と表現しています。

2

① 「あなた」「われ」「きぬ」などの文語が使われています。また、七音＋五音の定型が中心になっています。

② 2行目と6行目で「『幸』住むと人のいふ」とくり返されています。

③ 山のかなたに「幸」があると人がいうので、「われ」は尋ね求めて行きました。

④ 「われ」は「幸」を見つけられず涙がわき出ましたが、5・6行目から、今でも「幸」を求めているとわかります。

18 短歌のきまりと表現を学ぼう

83ページ

解答

① B・D

② Aオ　Cエ

③ Bイ　Dウ

④ イ

⑤ Aウ　Bア　Cエ
Dイ

アドバイス

① Bは初句「何がなしに」、Dは四句「しておく麦わら」が字余りです。

② A　意味の切れ目がありません。
C　四句の「ゆらりと高し」（ゆらりと高い）で、意味が切れます。

③ B　普通の語順では、「草原などを駆け出してみたくなりたり」となります。　D　結句「帽子のへこみ」は体言で終わっています。

④ 向日葵が強い夏の日光を浴びて立っている様子を表しています。

⑤ A　作者はもう次の春を見られないと思って、「今年ばかりの春」と詠んでいます。　B　作者は内面からわきあがる感情に耐えられず、息がきれるまで走ってみたくなったのです。　C　向日葵が、夏の日光を浴びながら、高く伸びて大きな花をさかせています。　D　「帽子のへこみ」は、過ぎ去った夏の出来事を思い出させます。

19 俳句のきまりと表現を学ぼう

解答

❶ A ①柿　②秋
　B ①枯野　②冬

❷ C

❸ かな

❹ A

❺ A ウ　B ア
　C イ

アドバイス　85ページ

❶ A　柿は秋の果物です。
　B　枯野は、野原の草が一面に枯れている冬の風景です。

❷ Cの俳句は五・七・五の定型になっていません。

❸ 切れ字には「や・かな・けり」などがあります。

❺ A　作者は、法隆寺のそばで柿を食べながら、秋を感じています。B　日の当たる遠くの山と枯野とが、明暗の対比になっています。C　「一人で見て寝る」に、いっしょに月を見る人のいないさびしさが表れています。

まとめのテスト　詩・短歌・俳句

解答

1
1 ア
2 ア・ウ
3 イ

2
1 エ
2 ①C　②B

3
1 秋
2 や
3 B

アドバイス　86ページ

1
1　現代の言葉で書かれていて、音数にきまりがないので、「口語自由詩」です。
2　「…のように」という言葉を使ってたとえるのは直喩です。さらに、行の最後が体言で終わっています。
3　「胸の中にある」ものは、さまざまな「気持ち」です。「昨日とは違う水が出る」とは、新しい希望があふれてくることを表しています。

2
1　「眼のなき魚の棲むといふ」と「眼のなき魚の恋しかりけり」の部分で、「眼のなき魚」がくり返されています。
2　①私をさらって行ってほしいという願望を、「ガサッと」という擬声語、「落葉すくふやうに」という直喩を用いて表しています。②噴水を「天を指す光の束」という隠喩で表し、それが勢いよく立ち上がる様子を、「見よ天を指す光の束を」と倒置を用いて表し、躍動感を出しています。

3
1　Aは「露」、Bは「林檎」という秋の季語が使われています。
2　切れ字は「や・かな・けり」などです。
3　Bの短歌は、町角の店先に盛られた林檎に目を留め、そこから星空へと視線を移しています。

20 古文の言葉を知ろう

解答

1
1 ⓐおしむ ⓑきのう
2 ウ
3 ア
4 風波

2
1 Aおいいでし Bようなる
2 いと
3 雪

アドバイス 92ページ

1
1 ⓐ「を」は、「お」に直します。
ⓑ「ふ」を「う」に直します。
2 ここでの「なほ」は、現代語「なお（さらに）」とは意味がちがい、「まだ。やはり」という意味を表すので注意しましょう。
3 「心もとなし」も現代語とは意味のちがう言葉です。「じれったい。待ち遠しい」という意味です。
4 直前に「風波（かざなみ）やまねば（風や波がやまないので）」とあります。海が荒（あ）れているため、船が出港できないのです。

2
1 A「ひ」を「い」に直します。
B「アウ」の音なので、「オウ」の音に直します。
2 「いと」は古文独特の言葉で、「とても。たいそう」の意味を表します。
3 紺青（こんじょう）の山肌（やまはだ）に、白い雪が積もっている様子を、色の濃（こ）い衣に白い衣服を着たようだとたとえています。

21 古文の表現を知ろう

解答

1
1 ⓐ
2 ア
3 イ
4 エ

2
1 （順に）が（は）・に（と）
2 Aちかし B遠し
3 イ

アドバイス 96ページ

1
1 ⓐは、「の」を「が」にかえて、「船が行くにまかせて（船が進むのにまかせて）」と言いかえられます。
2 係り結びの問題です。選択肢（せんたくし）「なむ」「こそ」のうち、結びが連体形になるのは「なむ」です。係りの助詞「こそ」は、結びが「已然形（いぜんけい）」になります。
3 係りの助詞「や」は、疑問・反語を表すので、答えはイです。
4 ア〜ウの主語は、くらもちの皇子。エの主語は「天人のよそほひしたる女」です。

2
1 「を」「が」「に」などの助詞を入れて、意味が通るものを探します。
2 童子は「日が出入りする場所は見えるので、近い。都は見たことがないので、遠い。」と考えたのです。
3 係り結びの問題。係りの助詞「ぞ」があるとき、結びは連体形になります。

22 古文の内容を読み取ろう

100ページ

解答

1

1 イ

2 十四余りて候ふ

3 ア

2

1 ⓑ

2 (順に)棹・星(空)

3 おでしはさ

アドバイス

1

1 直前に「七十に余りて見えければ(七十過ぎに見えたので)」とあります。

2 「問へば、十四余りて候ふと云ひける」とあるので、「十四余りて候ふ」が会話文だとわかります。

3 最後に「七十と云えるよりも……人の常の心なり。」とあります。若い気持ちでいたいというのは、人の心の常だと筆者は述べています。

2

1 「坊主是を見つけ……ととふ(問ふ)。」とあるので、ⓐは坊主の言葉です。それに答えたⓑが小僧の言葉。

2 星がほしくて棹を振り回す小僧に対し、「そこからは棹がとどくまい。やねへあがれ。」と言っています。

3 最後の一文に筆者の感想が書かれています。役に立たない助言をした坊主について、「師匠の指南有がたし」と皮肉を述べているのです。

23 和歌の表現をとらえよう

103ページ

解答

1 Aあしびきの
Bちはやぶる

2 序詞

3 二(句切れ)

4 ①D
②C

アドバイス

1 「あしびきの」は「山」にかかる枕詞。「ちはやぶる」は「神」にかかる枕詞です。

2 「山鳥の長くたれ下がった尾の(ように)」「長々し」と述べることで、ひとり過ごす夜の長さを強調しています。

3 「ちはやぶる神代も聞かず(神々の時代の話にも聞いたことがない)」で、意味が一度切れています。

4 ①「しばしとてこそ立ちどまりつれ(ほんのしばらく、と思って立ち止まったのになあ)」という言葉の裏に、木陰が心地よいので長居してしまったという気持ちが隠されています。
②季節の変化は目に見えないが、「風の音」で秋が来たと気づかされたという内容の歌です。

24 漢文のきまりを学ぼう

解答

1 B訓読文
C書き下し文

2 ①(1) 2・4・3
②3・1・2

3 ①禍は口より出づ。
②忠言は耳に逆らふ。
③百聞は一見に如かず。
④己の欲せざる所、人に施すこと勿かれ。

4 ①推す・敲く（順不同可）
②遂 並レ轡 論レ詩。
③推を改めて敲と作さんと欲す

アドバイス　106ページ

2 ①レ点の一字下「水」を先に読み、レ点のついた「若」に返って読みます。
②「虎(とら)」と一点のついた「威(い)」までを先に読み、二点のついた「借」に返って読みます。

3 ①「自」は、日本語の助詞「より」にあたるので、平仮名に直します。
③「百聞」「一見」→「如」→「不」の順に読みます。
④「所レ不レ欲」は「欲」→「不」→「所」の順に読みます。

4 ①「僧は推(お)す月下の門」と「僧は敲(たた)く月下の門」のどちらがよいか迷ったのです。
②まず送り仮名から順序を考えてみましょう。「並(ベテ)轡(くつわヲ)」は順序を入れ替えないと意味が通らないので、レ点をつけて「並レ轡」とします。
③二点の下の文字を先に読んでいきます。「改レ推」は「推」→「改」の順に読み、「作」にもレ点がついているので、「敲」→「作」の順で読みます。最後に「欲」に返って読みます。

25 漢詩の種類と表現を知ろう

解答

1 五言絶句

2 （第）一（句と第）二（句）

3 家

4 ウ

アドバイス　109ページ

1 四句からできているので、絶句。一句が五字なので、「五言絶句」です。

2 文の組み立て（返り点）が同じで、意味も対になっています。

3 押韻(おういん)とは、句末に音の似た字を並べること。句末の漢字を音読みで読んでみましょう。

4 「胡隠君(こいんくん)」を訪ねようと、川を渡(わた)り、川辺の花を見て、ぶらぶらと歩いているうちに、知らず知らずのうちに君の家に到着(とうちゃく)したということです。

まとめのテスト　古文・漢文 ……110ページ

解答

1
1 ⓑ
2 もとのやうに返し入れよ
3 イ
4 ウ

2
1 遂ニ飲ム二其ノ酒ヲ一。
2 右手もて蛇を画きて曰く
3 ア

アドバイス

1
1 ⓑの主語は呂尚、他は呂尚の妻です。
2 「さて、もとのやうに返し入れよといふ時」の引用を表す「と」、「いふ」という言葉に注目しましょう。
3 係りの助詞「ぞ」があるので、文末は連体形になります。
4 桶の水を元に戻せないように、元のように一緒には暮らせない。つまり、一度起きたことは元には戻せないということです。この話から「覆水盆に返らず」という言葉ができました。

2
1 「其酒」→「飲」と読むので、一・二点をつけます。
2 「画レ蛇」とあるので、「蛇」→「画」の順に読みます。
3 蛇に、足という余計なものをかいたために、酒を飲めなかった話です。ここから、「蛇足」＝「余計なもの」という意味になりました。

0 9 8 7 6 5 4 3 2
D C B A